中学受験の前に知りたい
合格するための全情報

# 名門校《めいもんこう》の真実《リアル》

田中幾太郎
*Ikutaro Tanaka*

日刊現代／講談社

# はじめに

2021年9月下旬、自民党総裁選の1週間ほど前のことである。知り合いの開成OBから電話がかかってきた。「岸田先輩はいけるかな?」と不安そうな声で話す。

それまで優勢と見られていた総裁最有力候補の河野太郎がやや失速。対抗馬の岸田文雄の追い上げが伝えられていた頃だ。岸田の母校である開成中学・高校のOBたちも一気にヒートアップしていた。これまで、開成出身者が首相に就いたことはなかった。総裁選を勝ち抜けば、首相への道が開ける。刻々と変わる情勢に、開成初の首相誕生を願うOBたちは一喜一憂していたのである。電話をかけてきたOBは岸田の1年後輩。千載一遇のチャンスが到来し、ドキドキが止まらなくなったのだという。

開成における先輩後輩は非常に緊密な関係が築かれる。同校最大のイベントは、運動会の棒倒し。高3と高2が8チームに分かれ、凄まじいバトルを繰り広げる。その激しさに興味を持った「ニューヨーク・タイムズ」が18年8月の日曜版で特集を組んだほどだ。

「卒業してから何年たっても、同窓生と会うと必ず棒倒しの話になる。負けたほうはいまだに悔しい顔をするし、勝ったほうは誇らしげ。一緒にチームを組んだ先輩や後輩との固い絆はいつまでも続くし、戦った相手とも肩を組む。棒倒しは一例に過ぎま

せんが、とにかく開成の同窓生は結束力が強いのです」（岸田の1年後輩）

岸田が総裁選に勝利した2日後の10月1日、緊急事態宣言が解除され、都内のあちこちの居酒屋では、開成ＯＢたちの万歳三唱が聞かれたという。

１９８２年から21年まで40期連続で東大合格者数トップという驚異の記録を続けている開成が名門進学校であることに、異論はないだろう。結束力が強いことが名門校の条件というわけではない。ただ、開成の場合、それが突出しているのは、一つの大きな優位点だとはいえる。「同級生はライバルというより同志。みんなで高みを目指そうという空気があった」とＯＢは振り返る。

名門校とは何かを考えた時、例外なく、たぐいまれなものを擁していることに気づく。開成とは逆に、同窓生同士が交流する場面があまりない麻布中学・高校のような学校もある。「リベラル」を校風に掲げる中高一貫校は少なくないが、ここは本物である。羊のように群れるのを嫌い、生徒一人ひとりの自主性を尊重する。リベラルな校風が壊されそうになった時、生徒たちは立ち上がり、断固拒否の姿勢を貫いた。

第一章では開成や麻布のほかに、最強男子校の筑波大附属駒場や最強女子校の桜蔭学園、躍進する新興の渋谷教育幕張や都立小石川中等教育学校など、数多くの中高一貫校を取り上げた。各校の突出した特長をなるべく浮かび上がらせるように描いた。

中高一貫校以外にも、名門校と呼ばれる学校は多い。60年代半ばまで圧倒的な東大合格者数を誇った日比谷高校。69年に導入された学校群制度によって凋落していくが、近年復活を遂げている。日比谷高のような3年制の学校は、中高一貫校に比べ、大学受験では相当な出遅れを覚悟しなければならない。不利な状況をどうやって跳ね返したのか。3年制にもかかわらず奮闘する学校として、日比谷高のほかに、埼玉県立浦和高校や神奈川県立横浜翠嵐高校も取り上げ、その強さの秘密を探った。

第二章では、名門小学校・幼稚園にスポットを当てる。ここで主にピックアップしたのは、上級校に内部進学できる付属校だ。いわゆる「お受験」の対象校である。コロナ禍で将来への不安が高まる中、安定志向が強まり、お受験戦線も過熱している。

小学校で人気なのは「御三家」と呼ばれる慶應義塾幼稚舎、青山学院初等部、学習院初等科。幼稚舎の最寄り駅は広尾、青山は表参道、学習院は四ツ谷と、いずれも都内有数の一等地にあり、セレブママたちからの人気も高い。さらには早稲田実業初等部、立教、成蹊、筑波大附属といった小学校も取り上げた。国立の筑波大附属以外は、大学まで内部進学でエスカレーター式に上がれるのも魅力。ただし、学費がかなりかかるのを覚悟しなければならない。

幼稚園では、初等部に続き、ここでも青山学院に注目。かかる費用は断トツ。芸能界トップクラスの子女も多く、渡辺謙の長男・渡辺大と長女・杏、歌舞伎界で一番格上の屋号「成田屋」の11代目市川海老蔵らも同園に通った。ほかには、成城幼稚園、雙葉小学校附属幼稚園、皇位継承順位2位の悠仁親王も通われたお茶の水女子大附属幼稚園も取り上げた。

お受験に対しては、幼いうちから他人と競争させるのはどうなのか、賛否両論ある。親の見栄ではないかという批判も根強い。ただ、本書に登場する小学校・幼稚園は大半が大学まであり、のちの受験の苦労を早めにすませる意味合いもある。伸び伸び学園生活を送ることができるメリットは大きい。その一方で、学校選択は親の意向でほとんど決まるため、子どもの主体性がまったく反映されないマイナス面も考えておく必要がある。子どもの性格に合わせた慎重な判断が求められるだろう。

第三章では、学習塾の話題を中心に、受験にまつわる最新事情を追った。名門の中高一貫校に合格するには、残念ながら学習塾に通うことなしにはほぼ無理というのが現実。そして、この費用が馬鹿にならないのである。問題はそれだけではない。名門校の偏差値が学習塾の意向によって大きく左右されているのだ。そのあたりの事情もくわしくレポートしている。

本書は受験を目指す本人や保護者、さらには、自分の出身校が現在どうなっているか興味のあるOB・OGの方たちにぜひ目を通していただきたい。学校の動向は世相を映す鏡。極力わかりやすく書いたつもりなので、教育・受験業界とは関係のない方たちにも読んでいただけると幸いだ。

名門校《めいもんこう》の真実《リアル》◉目次

はじめに――2

# 第一章　中高一貫校、本当の実力

## 東京・私立男子御三家

開成中学・高校――12
開成高の悲願だった出身首相が誕生　「群れたがる」御三家の連帯感

麻布中学・高校――18
東大合格者数が空前の記録を更新　麻布中学・高校の「群れるのを嫌がる」校風

武蔵中学・高校――23
〝御三家〟から脱落寸前…　少数精鋭の武蔵高校に起きた異変

## 東京・私立男子新勢力２校

駒場東邦中学・高校――29
醜聞でも学力は麻布に匹敵　駒場東邦は受験者に狙い目か

海城中学・高校――34
〝新御三家〟海城中学高等学校が取り組む「自ら考える教育」

## 東京・私立女子新旧注目2校

桜蔭学園――40
桜蔭学園には「礼法」の時間　受験テクより集中力を高める

豊島岡女子学園――46
〝女子御三家〟の一角を崩した豊島岡女子学園の小テストと運針

## 神奈川・私立男子注目2校

聖光学院――51
神奈川の雄「聖光学院」が重視する体験型学習の〝遊び心〟と非認知能力

栄光学園――58
母体はイエズス会の栄光学園　少数精鋭教育の強み

## 躍進校・注目校〈私立〉

渋谷教育学園幕張中学・高校――65
10期連続東大トップ10　渋谷教育学園幕張の躍進

世田谷学園――70
「スポーツの名門」世田谷学園で東大合格者数が急増する背景

早稲田中学・高校――76
早稲田中学・高校の強み　系列7校で異彩を放つ「一流進学校」

躍進校・注目校〈国立〉
筑波大学附属駒場中学・高校――82
6割が東大合格する筑波大附属駒場の「自分の頭で考えさせる教育」
東京学芸大学附属国際中等教育学校――89
注目の国立中高一貫校　学芸大附属ＩＳＳはどう台頭できたのか
躍進校・注目校〈公立〉
小石川中等教育学校――95
18人が東大現役合格　都立中高一貫校・小石川中教のすごさ
県立千葉中学・高校――99
公立中高一貫で勝負の県立千葉中学・高校　渋幕逆転への課題と可能性
中高一貫校への逆襲3校
都立日比谷高校――105
東大合格者数復活に尽力した日比谷高校3人の立役者
県立浦和高校――111
「少なくとも三兎を追え！」　県立浦和高校が実践するバンカラ教育
横浜翠嵐高校――117
横浜翠嵐高が東大受験で大躍進　「3年間」で勝利に導く秘訣

# 第二章　小学校・幼稚園から入れたい名門校


## 小学校から入学編

**慶應義塾幼稚舎**――124
慶應幼稚舎の教育を国内最高峰と勘違いする生徒たち

**早稲田実業学校初等部**――130
セレブママたちが嫌がる「都落ち」感で遠のく慶應の背中

**青山学院初等部**――135
セレブ子弟が集まる青学初等部に残る〝ボスママ戦争〟の後遺症

**学習院初等科**――141
〝私立小御三家〟から転落しかねない……学習院初等科の危機

**成蹊学園**――147
安倍元首相の母校・成蹊学園が実践する〝真のゆとり教育〟の3本柱

**立教小学校**――154
コロナ禍で人気が強まる大学付属校　MARCHでは立教が頭一つ抜け出す

**筑波大学附属小学校**――158
教諭体制は日本一も……〝国公立の雄〟筑波大付属小の落とし穴

## 幼稚園から入園編

**成城幼稚園**――164

成城幼稚園は初年度費用129万円　それでも根強いブランド力
**青山学院幼稚園** 170
都内で費用が最高額　青山学院幼稚園は上級国民向け施設？
**雙葉小学校附属幼稚園** 177
〝女子御三家〟雙葉学園の幼稚園教育が男児にもプラスになる理由
**お茶の水女子大学附属幼稚園** 184
悠仁さまも通ったお茶大幼稚園　最古の幼稚園の教育方針と選抜方法

## 第三章　受験戦線に向けた最新データ

麻布、開成、武蔵も…　学習塾に支配される名門私学高の厳しい現実 190
SAPIX、日能研…　中学受験「学習塾」の栄枯盛衰 195
中学受験「塾の選び方」　4大学習塾の長短と特色を検証する 200
4大学習塾で授業料が最も安いのは「日能研」　それでも塾通いは家計負担が大きい 205
麻布学園・平秀明校長に聞く　コロナ禍でトップ進学校に生じた変化 209
医学部に強い中高一貫校　真の王者はホリエモンの母校・久留米大附設 214
我が子を名門中学に合格させるなら受験準備は4年生から 218

おわりに 222

写真／田中幾太郎　日刊現代写真部

# 第一章　中高一貫校、本当の実力

# 開成高の悲願だった出身首相が誕生 「群れたがる」御三家の連帯感

## 岸田首相誕生に沸くOBたち

「進学校としては押しも押されもせぬ地位を築いているとは思いますが、麻布や武蔵にはまだ勝てない部分がある」と、少し前まで悔しそうな顔を見せていたのは開成高校（東京・荒川区）のＯＢ。

麻布、武蔵とともに、東京の私立中高一貫男子校の御三家に数えられる名門進学校の開成。１９８２年以来40期連続で東大合格者数トップという空前の記録を更新中で、他の2校を圧倒している。

政財界にも数多くの卒業生を送り出している開成だが、一つだけ、麻布と武蔵に負けていた点がある。麻布は橋本龍太郎、福田康夫、武蔵は宮澤喜一と首相を輩出しているのに、開成からは一人もいなかったのだ。「我が校から首相を誕生させることは多くの同窓生の悲願だったのです」とＯＢは話す。

「今、最大のチャンスが訪れている」

こう力強く語っていたのは同窓会中央組織「開成会」の幹部の一人。２０１９年秋頃のことだ。そのワケとは、ポスト安倍の一番手と目されていた菅義偉官房長官が側近たちの相次ぐ不祥事で、その座から転落しかけていること。代わって一番手に近づいたように見えたのが、かつて最有力候補だった岸田文雄政調会長だ。開成高を１９７６年に卒業している。

「17年9月、永霞会（永田町・霞が関開成会）なるＯＢ組織が発足。表向きは開成出身の官僚や政治家の親睦を図るためですが、岸田首相実現を目指し、全面的にバックアップしようというのが本当の目的です。ここにきて、メンバーたちはますます意気軒昂になっていた」（開成会幹部）

だが、１年後の20年9月に行われた自民党

総裁選では、377票を得た菅に圧倒的な差をつけられ、岸田（89票）は敗北した。一様に沈んだ表情を見せていたOBたちが歓喜に沸くのはそれからさらに1年後。21年10月4日、岸田はついに首相の椅子を手にしたのである。

## 高校募集を始めてから東大合格者が増加

初の開成出身の首相誕生を果たし、同校の名門校としての地位にさらに箔がついたのは間違いない。それにしても、なぜ開成はここまで台頭したのだろうか。1950年代から東大合格者数ベスト10の常連だった麻布と比較すると、だいぶ出遅れていた。「あそこが躍進したのは、高校でも生徒を募集するようになったのがきっかけ」と、どこか口惜しそうに語るのは、今や開成から大きく後れをとった麻布の元教諭。在職中は開成や武蔵の教諭とも情報交換しており、御三家の動向には詳しい。

開成は50年代まで中学で募集する300人（1学年）のみで、高校での募集はしていなかった。ところが60年度になると、経営方針を転換。高校でも50人を募集。74年度からは100人を募集するようになった。一方、麻布（1学年定員300人）と武蔵（同175人）は高校からの募集は行っていない。

高校募集の成果が表れ出したのは70年代。高校1学年400人体制となった最初の生徒が卒業した77年、東大合格者数は124人を記録し、初のトップを獲得。以降の

開成OBの期待を一身に集める岸田文雄首相

躍進につながっていくのである。

「御三家のいずれも、東大受験に向けた特別な授業を行っているわけではありません。開成が抜け出たのはやはり、高校での受け入れを増やした影響が大きいのは間違いない。高校から開成に入るのは、中学からよりもさらなる難関で、それだけ優秀な生徒を確保できるようになったということなのです」（元麻布教諭）

多くの予備校スタッフに尋ねても、ほぼ同じ答えが返ってくる。進学校の大学受験実績は「学校のカリキュラムの違いよりも、いかに地頭のいい生徒を集められるかにかかっている」というのである。

## 激しい攻防を繰り広げる開成名物の〝棒倒し〟

だからといって、開成にガリ勉タイプばかりが集まっているわけではない。というよりも、開成での学園生活に溶け込んでいくうちに、心身ともにたくましくなっていくのだ。実際、文武両道を体現している生徒が目立つ。それは毎年5月に行われる運動会の光景を見れば一目瞭然。高2と高3が参加する棒倒しでは、激しい攻防が繰り広げられる。守備陣はプロテクターとヘッドギア、攻撃陣はヘッドギアのみで上半身裸で戦う。一昔前までは防具を一切つけず、ケガ人が続出していたという。

「卒業生同士が会うと必ずといっていいほど、棒倒しの話題になる。勝ったほうは何十年たっても自慢するし、負けたほうは悔しさを露わにするのです」（OB）

開成の生徒は頭脳派であると同時に、意外にも肉体派でもあるのだ。高校野球でも、開成が話題になったことがある。最弱と揶揄されながら、開成野球部は05年の東東京予選で5回戦（ベスト16）に進出。07年と12年にも4回戦に進出している。

この開成野球部の奮闘ぶりを描いたドラマもつくられている。15年に日本テレビ系で放送された「弱くても勝てます～青志先生とへっぽこ高校球児の野望」（11回連続）だ。主演の監督兼教諭を演じたのは20年末に解散した「嵐」のメンバーだった二宮和也。ドラマでの学校名は小田原城徳高校になっていたが、内容はほぼ実話通り。ユニークな戦いぶりが再現され、話題を呼んだ。

「開成の生徒たちの結束が描かれ、毎回欠かさず見ていた」と振り返るOB。「結束力という意味では、我が校にはもうひとつ忘れてはならないイベントがある」と話す。毎年4月の中旬～下旬に開かれるボートレース「附属対開成」だ。附属とは筑波大附属高のこと。1920年から続く定期戦だ。

「中学に入学したばかりの新入生と、高校から入った新入生が全員、応援に駆り出されるのです。指導するのは高校3年で構成される応援団。校歌とボートレース応援歌を叩き込まれ、生徒の間に強い連帯感が芽生えるのです」（学校関係者）

ちなみに、附属対開成の19年までの戦績は45勝46敗で開成がひとつ負け越していた。「20年は新型コロナウイルスのせいで開催中止になり、挽回のチャンスを奪われ、残念な思いをした。21年は無観客、大声の応援をしないなど、対策を万全にして開催。結果は12秒差で快勝。46勝46敗の五分に戻し、溜飲を下げることができました」（同）

前出ＯＢは「棒倒しや附属対開成の応援などで培った連帯感は卒業してからもずっと続き、何かあればすぐに集まる。やたら群れたがる集団なのです」と笑う。

念願の岸田首相誕生が正夢となり、あちこちで開成の卒業生たちのお祭り騒ぎが繰り広げられているようだ。

東京・私立男子御三家――麻布中学・高校

# 東大合格者数が空前の記録を更新 麻布中学・高校の「群れるのを嫌がる」校風

## 67期連続で東大合格者数トップ10入り

「つかみどころがないのが麻布生の一番の特徴かな」と話すのは、私立男子校の麻布中学・高校（東京・港区）の60代OB。１９７０年代の6年間を同校で過ごした。

「息子も麻布を卒業しているんですが、どこか斜に構えているのは僕と似ている。麻布生というのは、頑張っている姿をあまり他人に見せたくないんです。そういうところが好きで、息子にも麻布を勧めたのです」

54年以来、東大入試のなかった69年を除き、21年まで67期連続で東大合格者数トップ10入りという空前の記録を続けている麻布。名門中の名門だが、大学受験に向けて猛勉強しているイメージはほとんどない。

「授業のカリキュラムも、大学受験を特に意識した組み方をしていない。各教科の進行は通常よりもかなり早いですが、中高一貫の進学校なら、どこもやっていることでしょう。安定した受験実績を残してきたのは、生徒それぞれの取り組みによるところが大きいのだと思います」（元教師）

いい意味で、生徒の自主性に任せているのだ。実際、それぞれが独立独歩でやっている印象が強い。開成が「統制がとれ、群れるのを好む」と評されるのに対し、麻布は「自由奔放で、群れるのを嫌がる」という。

「社会人になってからも、仲のいい同級生たちとは時々、飲みにいったりして、それが40年以上続いていますから、まったく群れないというわけではない。息子も、部活の仲間とは今でもコンタクトをとっているらしい。ただ、それが大人数になることはありません」（60代ＯＢ）

## 同窓会組織が存在しない理由

実は、麻布には同窓会組織がない。その理由は、70年代前半に同校で起きたある事件が関係している。

「70年春、Ｙが理事長・校長代行に選任されるのですが、これがとんでもない人物だった。教員や生徒への締めつけを強め、独裁的な体制を築いていく。リベラルな校風をことごとく破壊していったのです」

こう振り返るのは、当時をよく知る学校関係者。そのやり方に反発した生徒たちは「打倒Y代行」を掲げ、学園紛争が勃発する。まもなく劣勢に立たされたY代行は71年、機動隊導入やロックアウト（学園封鎖）という強硬策に出るが、結局、辞任を余儀なくされた。

その後、Yの裏の顔が明らかになる。代行在任中、学校が所有する山梨県の山中湖寮を勝手に売り払い、その代金2億4700万円を横領していたのである。Yは逮捕され、懲役5年の実刑判決を受けた。

「麻布にも62年に創設された『麻布学園同窓会』という組織があったんです。Yはその中心的な存在で、同窓会が理事会に強く推して、理事長・校長代行に就いた。こんなひどい人間を無自覚に学校に送り込んできた同窓会がヤリ玉に挙げられるのは当然で、解散に追い込まれたわけです」（学校関係者）

以来、麻布には同窓会がない状態がずっと続いているのだ。復活させようという動きもあったが、拒絶反応を示すOBも少なくなく、立ち消えになったままだ。

同窓会がないことで、群れる機会がさらに減少。そうした点は麻布らしさを体現しているともいえるが、「あの事件を知らない世代、特に70代以上からは、今も同窓会の復活を望む声が出ている」（学校関係者）という。

## 毎年開かれるホーム・カミング・デイ

「その代わりとなっているのが2001年から始まったホーム・カミング・デイです。毎年4月の第1土曜日に開かれ、卒業生やその家族、現旧の教職員が中庭に集まり、満開の桜の下で軽食をつまんで酒を酌み交わしながら、旧交を温めるのです」（同）

20年のホーム・カミング・デイは第20回と節目を迎えたが、新型コロナウイルスが猛威を振るい始めた時だったので急遽中止に。

麻布生らしい気質を持つ谷垣禎一元自民党総裁

麻布出身の首相経験者、福田康夫元首相

21年はコロナ対策を万全にして、なんとか開催に漕ぎ着けた。密にならないように、中庭での立食はなし。講堂での講演会のみの実施となった。初の試みで、ライブ配信も行った。

メインは、元自民党総裁の谷垣禎一氏（63年卒）の講演。登壇し、「日本の将来に向け、麻布で学んだOBに期待すること」というテーマで話した。

「学校までなかなか来られない地方や海外にいるOBからは、オンラインで谷垣さんの姿が見られて感激したという声がたくさん寄せられま

した。話の内容についても、9割近くの人から満足したという回答をもらいました」(同)

## 橋本龍太郎、福田康夫、谷垣禎一…麻布OBらしいのは?

これまで、麻布は2人の首相を輩出している。福田康夫氏(55年卒)と橋本龍太郎氏(56年卒)だ。谷垣氏も最有力候補と目された時期があったが、結局、叶わなかった。自民党総裁で首相になれなかったのは、谷垣氏以外では河野洋平氏だけだ。「谷垣はそれほど残念に思っていないんじゃないかな」と話すのは同級生の一人だ。

麻布時代は山岳部に所属。東大でも山登りに明け暮れ、1年の3分の1は山の中。卒業するまでに8年もかかった。司法試験も何度も落ち、34歳でやっと合格した。「そもそも、首相どころか、政治家になる気もなかった。これから弁護士を本格的に始めようという時に、父親(元文部相の谷垣専一氏)が急逝。生前、継ぐ必要はないと言われていたのに、後援会から補欠選挙に出てほしいと懇願され、仕方なく出馬する羽目になったんです」

この同級生は、谷垣氏について、いかにも麻布生らしい気質を持った人物と評する。「内心、首相になりたいと渇望した時期もあっただろうが、そうした気持ちはおくびにも出さない。オレがオレがという態度はみっともないと思うのが麻布生なんです」

肩ひじを張っていないのが麻布の強み。超名門校の座は当分、揺るぎそうにない。

東京・私立男子御三家——武蔵中学・高校

# 〝御三家〟から脱落寸前…少数精鋭の武蔵高校に起きた異変

## 低迷が続く名門校の弱点

　２０１７年32人、18年27人、19年22人、20年21人、21年28人——。何の数字か、分かるだろうか。東京の私立中高一貫男子校「御三家」の一角、武蔵高校（練馬区）の直近5年間の東大合格者数である。

「いまだに御三家と呼ばれるのはおこがましい」と自嘲気味に語るのは武蔵中に１９８０年代に入学したＯＢ。筑波大附属中にも合格したが、将来のことを考えて武蔵を選択したという。そのころは学年の半数が東大に進むことも珍しくなく、東大合格者数トップ10の常連だった。

　他の御三家を見ると、開成は東大合格者数40期連続トップ、麻布は東大入試のなかった69年を除き67期連続トップ

10入りと、とてつもない記録を更新中。この2校と比べると、数字的には見劣りがするが、それには理由がある。1学年定員が開成は400人、麻布は300人なのに対し、武蔵は160人。東大合格者数でトップ10入りすること自体、分母が少ないぶん、相当ハードルが高いのだ。まさに少数精鋭の名門校だった。

しかし、99年の7位（64人）を最後にトップ10から外れ、以降一度もランクインしていない。低迷が続く理由を、学校法人関係者は次のように話す。

## 1999年を最後にトップ10から陥落

「歴代校長は生徒の自主性を重んじる方針を貫いてきた。それ自体は武蔵の建学以来の〝自調自考〟という自ら調べ自ら考える人間を育てる理念と合致する。しかし、あまりにも唯我独尊になり、武蔵という学校の中だけで、すべてが完結するものと勘違いし、時代の変化を見誤ってしまったのです」

それはどういう意味なのか。同関係者はこう続ける。

「優秀な生徒を集めるという意味で、近年は学習塾とのつきあいが非常に重要になっています。ところが、ここ20数年、校長たちは学習塾の人間なんかと会う必要はないと、そうした交流を一切拒否してきた。その結果、生徒の質が落ちてしまったのです」

かつて武蔵は、御三家の中でも飛び抜けた名門中の名門だった。7年制の旧制武蔵高時代は1学年80人中、約9割が東大、残りの1割もほぼ全員が京都大や東北大などの帝国大に進学していた。だが今は、名門校という座にあぐらをかいて待っているだけでは、優秀な生徒が集まる時代ではなくなっているのだ。大手学習塾の幹部は「不遜な言い方になるが、我々を無視して名門校の地位は保てない」と話す。

「学習塾が優秀な生徒に対し、『君はこの学校が向いている』と誘導するケースはかなり多いのです。同レベルの学校の中から、どこを選ぶかは結局、ふだんからつきあいのあるところということになる。相手の学校が積極的に自校の情報を提供してくれていれば、生徒にも安心して勧められるというわけです」（学習塾幹部）

学校が無垢な生徒をじっくり育て上げていくのが理想だが、現実にそうなるケースはまれ。どんな生徒が入学するかで、学校の進学実績も決まってくる。結局、「学習塾が名門校のランクを左右している部分は大きい」というのである。

## 学習塾との交流を絶った名門校

「開成や麻布はそうしたことがよくわかっていて、学習塾とのつきあいを嫌がらないが、武蔵はプライドが高いのか、我々を避けてきた。明治維新後の士族の商法と同じで、従来の考え方から抜け出せず、時代に取り残されてしまっている感は否めない」（同）

こんな状況にありながらも御三家にとどまっているというのはある意味、驚きである。「過去の遺産がまだ残っているということでしょう」と話すのは同窓会幹部の一人だ。

「自慢できるのは、卒業生の顔ぶれのすごさ。政財界に加え、学術分野でも数多くの重鎮たちを送り出してきた」

政界では、宮澤喜一元首相、永井道雄元文部相、唐沢俊二郎元郵政相、松本剛明元外務相、柴山昌彦前文科相……。財界では、生方泰二元石川島播磨重工業会長、横田二郎元東京急行電鉄社長、西室泰三元東芝会長、佐藤正敏元損害保険ジャパン会長……。現在、東武鉄道で社長を務める根津嘉澄は、武蔵を創設した根津嘉一郎の孫。70年に武蔵高を卒業し、東大法学部を経て東武鉄道に入社した。

学術分野を見渡すと、前東大総長の五神真や現早大総長の田中愛治。さらにはJAXA（宇宙航空研究開発機構）の宇宙科学研究所で所長を務める國中均も武蔵出身。はやぶさ2で小惑星リュウグウを目指すプロジェクトの中心的役割を果たしてきた。14年12月に打ち上げられたはやぶさ2は19年2月に1回目の着陸に成功。現在はリュウグウを飛び立ち、20年12月16日、地球に試料カプセルを無事届けた。

## OBの10人に1人が医療関係者

「一言で学術といっても、卒業生が活躍しているジャンルは多岐にわたる。そんな中

で特に目立つのが医学の分野です」（同窓会幹部）

毎年発行される武蔵の同窓会名簿の後半は、医療関係者の名簿になっている。そこに掲載されている人数は約1200人。創立以来1世紀近くが経っている武蔵だが、少数精鋭の学校らしく、卒業生の総数はわずか1万3000人強。そこから物故者を除くと約1万1000人。つまり、OBの10人に1人以上は医療関係者なのだ。その中には医学界をリードする大物も多い。

華麗な武蔵人脈の一人、故宮沢喜一元首相

はやぶさ2プロジェクトの中心人物、國中均宇宙科学研究所所長

東大病院やがん研有明病院で病院長を歴任した武藤徹一郎東大名誉教授は消化器外科医として活躍。大腸がんの権威だ。元慶應大医学部長の池田康夫慶応大名誉教授は血液内科の権威。現在、母校武蔵の学校法人の副理事長を務める。

心臓血管外科は医学の世界では新しい分野だが、そこで道を切り拓いてきたのが、現在同窓会長を務める落雅美日本医科大名誉教授。心臓を止めずに行うオフポンプバイパス術の第一人者としても知られる。

最近注目を集めているのが医学部出身ながら生物学の分野に進んだ水島昇東大教授。オートファジー研究で成果を上げ、13年にはノーベル賞の有力候補に名が挙がったが、惜しくも逃した。まだ50代半ばと若いので、これからもチャンスはあると有望視されている。

## かつての栄光を取り戻せるか

こうして名前を挙げだしたらきりがないが、華麗な武蔵人脈が際立てば立つほど、現状の問題点が浮かび上がってくる。「たくさんのOBたちから、かつての栄光を取り戻してほしいとの声が上がっているのも事実」と前出の学校法人関係者は明かす。「ただ、改革が進みそうな気配は出ているんです。19年4月に校長が代わり、積極的に学外へのアピールにも動いている。停滞を打ち破るキーパーソンになるのは間違いありません」

新校長となったのは、公立進学校の雄・埼玉県立浦和高で校長を務めた杉山剛士。武蔵高を76年に卒業し、東大教育学部を経て埼玉県教育局に入職したプロフェッショナルの教育者だ。武蔵の伝統を守りつつ、一方で荒療治を進めるという難しい舵取りが求められるが、「名門校とは名ばかりの状態がこれ以上続くと、経営的にも苦しい」（学校法人関係者）というだけあって、杉山校長にかかる期待は非常に大きいようだ。

東京・私立男子新勢力2校――駒場東邦中学・高校

# 醜聞でも学力は麻布に匹敵 駒場東邦は受験者に狙い目か

## 創立当初からトップクラスの進学校を目指す

「東京の私立男子中高一貫校の御三家という言い方は、もはや死語になりつつある」と話すのは大手予備校の幹部。御三家とは開成、麻布、武蔵のこと。１９８２～２０２１年、40期連続で東大合格者数トップを走る開成を別格として、他の2校はどうも冴えない。武蔵は00年以降、一度もトップ10入りがなく、20年の東大合格者数は20人で32位。21年は28人で24位だった。麻布は54年以来、67期連続（入試が中止になった69年を除く）でトップ10入りを果たしているものの、20年は「63人（6位）」と、前年の１００人（3位）から急降下した。

この年、その麻布と同数の6位だったのが駒場東邦（世田谷区池尻）。90年代からトップ10に時々、名を連ねるようになり、21世紀に入ると、その常連になっていたが、どうしても麻布に追いつくことはできなかった。ただし、麻布の63人は速報値。その後、66人に訂正され、駒場東邦は7位に転落してしまった。

「医学部を擁する東邦大が東京でも有数の進学校を作ろうと、57年に創立したのが駒場東邦。山の手の家庭の生徒が多く、地域的に受験者層が重なる麻布に追いつけ追い越せとやってきた。それだけに、速報値とはいえ、肩を並べたことは正直、うれしい」

こう語るのは駒場東邦のOB。同校は最初からトップクラスの進学校を目指していた。初代校長として招いたのは当時、圧倒的な東大合格者数を誇っていた都立日比谷高の校長だった菊地龍道氏。名校長として日比谷高で大きな実績を上げながらも、3年制の限界を感じていた菊地氏は、中高一貫で何ができるかを徹底的に追求。より効率的な教育システムをつくり上げた。

## 教員、生徒、親が連携する「駒東ファミリー」

そのひとつが少人数教育。特に英数理では学校創立当初から、1クラスを2分割して授業を進めている。もうひとつの特色が「駒東ファミリー」と呼ばれるもの。教員、生徒、親が連携して、より学びやすい家庭的な雰囲気をつくっている。こうした地道な努力が少しずつ実を結び、麻布に匹敵する位置まで来たわけだが、実質的にはすでに麻布を凌駕したのではという声も聞こえてくる。

「麻布の1学年定員が300人なのに対し、駒場東邦は240人。125年の歴史を持つ麻布を追い越したというのは言い過ぎとしても、東大合格者数で並びかけた事実は大きい。もちろん、東大に入ることだけが学校の価値を決めるわけではありませんが、その宣伝効果は計り知れない。それを見て、息子に駒場東邦を受けさせようという父兄が増えるわけで、より優秀な生徒が集まりやすい環境が出来上がってくるのです」（前出・予備校幹部）

ただ、学校関係者の見方は違う。

「速報値で麻布と同数だったといっても、あちらがいきなり人数を大きく減らしたからで、駒場東邦が上がってきたわけではない。最近の東大合格者数の推移で一番盛り上がったのは15年。82人（5位）と、初めて80人を突破した時です。しかし、そのあとは伸び悩んでいるのが実情なのです」

前年の14年、駒場東邦の東大合格者数は75人（5位）、麻布は82人（4位）。順調に伸びていると、学校関係者の多くが実感できた時期だった。そして15年。同年の麻布は84人で4位。すでに駒場東

邦は麻布にあと2人まで肉薄していて、並ぶのも時間の問題だったのだ。20年に追いつきそうだったといっても、高い水準での争いではなく、手放しで喜べる空気はどこにもなかった。何しろ、東大合格者数トップの開成は1学年の生徒数が400人もいるとはいえ、18年175人、19年186人、20年185人、21年144人と別次元の世界を繰り広げているのである。

一方、駒場東邦は15年のピークを境に上昇気流から外れてしまう。東大合格者数は16年57人（8位）、17年52人（9位）、18年47人（12位）、19年61人（8位）と低空飛行が続き、20年の喜びも束の間、21年は56人（10位）と上昇気流に乗れなかった。

## 過去の不祥事が落とす暗い影

「ここ数年、校内の雰囲気があまりよくなく、その影響も少なからず出ているかもしれない」と学校関係者は話す。

17年前後から、教員間のパワハラやセクハラ問題が噴出。その詳しい内容については、それを糾弾するのが目的ではないので、ここでは省くが、当時の校長の仕切りの悪さもあって、問題がこじれにこじれてしまったのである。そしてついに19年春、校長はその職を解かれてしまう。

「複数の週刊誌が報じたこともあって、生徒や父兄の間で動揺が広がって、当校の売

りである駒東ファミリーの結束も崩壊。教員の側も一時期、授業に身が入らない状況におちいってしまったのです」（学校関係者）

駒場東邦に対する週刊誌報道はそれだけでは終わらなかった。19年6月、元農水省事務次官が44歳の長男を刺殺してしまう事件が起こった。家庭内暴力をしばしば起こしていたこの長男は中学、高校の6年間を駒場東邦で過ごした。その間、同級生たちから陰湿で激しいいじめを受けていたことが週刊誌の取材で明らかになったのである。

「そのいじめについて、学校側は弁解の余地はない。しかし、それは30年ほど前の話であり、今起こっていることではありません。にもかかわらず、最近もこうしたいじめが横行しているかのようにインターネット上で噂が流れていて、生徒たちはすごく傷ついている。まったくいじめがないと言えばウソになりますが、学校側も徹底した防止策をとっているので、大きな問題に発展することはほとんどなくなっているのです」（学校関係者）

とはいえ、「わずかずつですが、駒場東邦の偏差値が下がりだしているのは事実。醜聞が明るみになって、敬遠する受験者も出ている」と大手学習塾スタッフは話す。

学内はすでに落ち着きを取り戻しているので、偏差値が少しでも下がっているようなら、受験者にとっては狙い目かもしれない。

東京・私立男子新勢力2校――海城中学・高校

# 〝新御三家〟海城中学高等学校が取り組む「自ら考える教育」

## 地味だが進学校として着実に躍進中

「山椒は小粒でもぴりりと辛いという表現がピッタリ。派手さはないけど、とてつもない潜在力を秘めている学校だと思います」

こう、母校を評するのは海城中学・高校（東京・新宿区）のOBだ。1960年代まで海城高は都立高のすべり止めという位置づけだった。

67年に学校群制度（82年廃止）が導入され、都立高は凋落。それに呼応するかのように、海城は中高一貫体制の充実を図り、進学校としての位置を固めていった。なお、2011年からは高校の生徒募集を中止し、完全中高一貫化を果たしている。

海城が進学校として注目されだしたのは84年。東大合格者数が19人と、初めて2桁を記録。80年代終わりころになると、都内私立中高一貫男子校の御三家（開成、麻布、武蔵）に対し、駒場東邦、巣鴨とともに「新御三家」と呼ばれるようになる。94年には東大合格者数全国8位と初めてトップ10入り。以降、トップ10の常連となった。

「その割にはメディアに登場することが少ないのが残念というか、海城らしい。地味なんですよね。目立てばいいとも思っていないんですが、同僚や取引先の社員と高校時代の話になって、僕が海城出身といっても、ピンとこない人のほうが圧倒的に多い。ちょっと寂しいですね」

このOBが在学していたのは80年代末から90年代半ばにかけて。その頃は今よりもマスコミから注目されることが多かったと振り返る。新御三家としてクローズアップされただけではない。その校風に関心が集まったのだ。

## セーター問題で証明された「リベラル」の教育理念

海城が掲げる教育理念は「リベラル」。この言葉を標榜している進学校は多く、これ自体は珍しくない。だが、それを具体的に実践しているかとなると、途端に怪しくなる。言い方は悪いが、看板倒れの学校がほとんど。一方、海城のOBは「わが母校は正真正銘のリベラル」と胸を張る。

「僕が在学していた時代、セーター問題というのが起こったのです。一部のメディアでも取り上げられ、話題になりました。その結果、海城のリベラルが言葉だけではないと証明することになったのです」

93年夏、冷房を使いだす頃、PTAから学校に「セーターの着用を許可してほしい」との要望が出された。生活指導部が認める方向で動いていた時、待ったが入った。職員会議で教師の一人が「親ではなく、生徒自身が要求すべきではないのか」と言いだしたのだ。

リベラルを標榜する以上、生徒の自主性が尊重されなければならない。逆に言えば、生徒が自ら考え、行動に移さなければ、自主性は育たないという主張である。

これを機に、生徒会の間でセーター問題が話し合われた。生徒にアンケートを行い、その結果を基に生徒会の意見をまとめ、要望を学校側に提出。その後、セーター着用を認める規則がつくられた。

「規則ができたのは僕が卒業した後ですが、たかがセーターの着用をするかしないかの問題とはいえ、生徒たちにとっては為せば成ることが実感でき、大きな自信になったのです」（OB）

## 生徒自身に学ぶ力をつけさせる3ステップ

こうした生徒自身に考えさせる取り組みは、授業でも行われている。海城では中学〜高校の6年間を2年間ずつ、3つの期に分けている。Ⅰ期（中1・中2）は「学習習慣を確立」、Ⅱ期（中3・高1）は「基礎学力を確立」、Ⅲ期（高2・高3）は「大学受験にも対応する学力を完成」と位置づけている。この中で特に注目されるのはⅠ期だろう。

「受け身ではなく、まず自ら学ぶ力をつける。最初の2年間でそうした習慣をつけることによって、次のステップに進みやすくなる。この段階では基礎学力は二の次なのです」（学校関係者）

中学受験をした生徒にとって、入学してからの1〜2年間が非常に大切だというのは、大手学習塾の幹部。

「学校側は最初のうちに生徒に基礎学力をつけさせて、落ちこぼれをつくらないという考えにおちいりやすいのですが、実はこれが間違い。中学受験をして合格すると、そこで達成感を得てしまい、なかなか勉強に身が入らない生徒が少なくないのです。そうした生徒に詰め込み式の授業をしても、頭に入っていかず、どんどんついていけなくなってしまう。この時期には、授業の内容を理解するよりも、自分で考える力をつける方が大事。海城のやり方は理にかなっているともいえます」

## 「社会Ⅰ・Ⅱ・Ⅲ」という独自科目

中学では他校にない方式を取り入れている教科がある。社会科だ。通常の地理、日本史、世界史、公民とは別に、「社会Ⅰ」、「社会Ⅱ」、「社会Ⅲ」という独自の科目を設けている。

「社会Ⅰ・Ⅱ・Ⅲは総合学習という位置づけ。社会ⅠとⅡでは、生徒一人ひとりが社会的関心を持つことに主眼を置いています。新聞や本、インターネットからデータを集めて活用する。地域社会に出て行って、自分で相手と交渉して取材する。そうして得た情報を分析してレポートをつくったり、生徒同士でディベートをしていくのです」(学校関係者)

その仕上げとなるのが中学3年の社会Ⅲ。各生徒がテーマを決めて取材をして、教員が個別指導しながら、卒業論文を作成する。400字×30~50枚を書き上げるのだから、かなりの分量になる。

「この社会Ⅰ・Ⅱ・Ⅲが導入されて四半世紀以上になりますが、学校全体にとっても非常に大きな意味がありました。80年代以降、東大合格者数はほぼ右肩上がりで増え続け、受験校として注目されるようになっていく。しかし、それだけでいいのかという疑問が教職員の間で膨らんできた。そこで、詰め込み式ではない教育システムをつくり上げるために、社会Ⅰ・Ⅱ・Ⅲが生まれ、他教科でもそれが生かされていったの

です」(同)

生徒が自分で考える力をつける。その教育方針は結果として、大学受験実績にもつながっている。「週刊東洋経済」(20年8月29日号)が「難関国立大合格者数 都道府県別トップ300校」というレポートを出している。旧7帝大と東工大、一橋大、神戸大の10校の20年合格者数でランキングしたもの。海城は113人(東大59、京大9、北大12、東北大4、名大2、阪大3、九大2、東工大13、一橋大7、神戸大2)で、東京では開成、都立国立に次いで堂々の3位だった。

## コロナ禍における中学受験戦線の行方

さて、コロナ禍を経て今後の中学受験戦線がどうなるかだが、前出・大手学習塾幹部は熾烈な争いになるだろうと見ている。

「不安が増大している分、子どもの将来の安定を求め、中高一貫の上位校に人気が集まるのは必至。特に海城の教育方針を評価する親御さんは多く、偏差値がかなり高くなると予測しています」

超難関進学校というのは、リベラルな海城のイメージとはあまり合わない気もする。中学受験シーズンがまもなく始まるが、あまり加熱しすぎないように祈るばかりだ。

東京・私立女子新旧注目2校——桜蔭学園

# 桜蔭学園には「礼法」の時間 受験テクより集中力を高める

**最難関の東大理Ⅲ合格者はトップ3入り**

「女子中高一貫校トップの座は当分、揺るぎそうにない」(大手学習塾幹部)と評されるのは桜蔭学園(東京・文京区)。東京の私立男子御三家(開成、麻布、武蔵)が戦前から進学校として確固たる位置を占めていたのに対し、同校が大学受験に関し頭角を現したのはそれほど古くない。1984年に初めて東大合格者数が30人を超え、にわかにマスコミの注目を集めるようになった。

「質の高い教育で定評があった桜蔭ですが、メディアに取り上げられる頻度が大幅に増え、より優秀な生徒が集まるという相乗効果を生み出したのです」(大手学習塾幹部)

その後も東大合格者数はほぼ右肩上がりで増え、94年に

は初のトップ10入り。以降、21年まで28期連続でトップ10入りを果たしている。

20年の東大合格者数は85人で開成（185人）、筑波大附属駒場（93人）に次いで堂々の3位。トップ3入りは桜蔭にとって初の快挙だ。1位の開成には大きく引き離されているように映るが、開成の1学年生徒数は400人。それに対し、桜蔭は235人なので、見た目ほど差をつけられているわけでない。しかも、最難関の理Ⅲ（全合格者数100人）には7人が合格。これも、灘（14人）、開成（13人）に次ぐ数字だ。21年は東大合格者数71人で7位。理Ⅲは8人で4位だった。

## 女子校で唯一無二の存在になった理由は

20年の東大合格者数85人という数字は、実はこれまでの最多ではない。一番多かったのは96年の93人（5位）。この中には理Ⅰに現役で合格したタレントの菊川怜も含まれている。慶應大医学部にも合格していたが、それを蹴って東大に入学した。

「女子校で東大合格者数トップ10に入ったことがある学校はほかにはなく、それだけ桜蔭が飛び抜けているということ。受験業界では女子学院と雙葉を合わせて『女子御三家』という言い方がよく使われてきたが、実態にはそぐわなくなっている。唯一無二の存在になりつつあると言えるでしょう」（予備校スタッフ）

なぜ、桜蔭が女子校の中で、これだけ突出したのか。

桜蔭学園から理Iに現役で合格した菊川怜さん

桜蔭OGの典型例とも言われる豊田真由子さん

「教育課程が文部科学省が定める学習指導要領よりもだいぶ先行しているのは、他の多くの進学校と一緒。特別なカリキュラムが組まれているわけではない。にもかかわらず、これだけ圧倒的な実績を残しているのは、業界でも不思議がられている」（同）

90年代に卒業して私立医科大に進み、現在、都内でクリニックを開業しているOGは次のように話す。

「受験に関しては、学校の授業よりも塾のほうが役に立ったと思う。これは他校の生徒もたぶん一緒でしょう。では、桜蔭がどこが違うのかと考えてみると、生徒の心構えではないでしょうか。一人ひとり、目的意識というか、将来のビジョンがはっきりしていて、その目標に向かって、ひたすらまい進する生徒が多かったような気がします」

桜蔭の卒業生の2割近くが医師になっている。医学部を目指して桜蔭に入ってくる生徒が少なくないという。ほかにも弁護士、学者、官僚など、最初から明確な目標を持っているケースが多いのだ。

「そのための努力は惜しまないという点で、他の女子校の生徒より上回っている部分はあるかもしれない。目指す場所がわかっているぶん、集中力がすごいんです」（OG）

## OGの典型例は豊田真由子

その典型が12年12月の衆議院総選挙で埼玉4区から自民党の落下傘候補として出馬し当選した豊田真由子だろう。桜蔭を93年に卒業し、東大文Ⅰに現役合格。卒業後は厚生省（現厚生労働省）に入省し、官僚の道を歩んでいた。

東日本大震災では被災者の高齢者福祉政策を担当。民主党政権の運営に疑問を持った豊田は自ら、自民党埼玉県連の公募に応募し、出馬することになった。選挙に関してはズブの素人だったが、そこからの集中が凄まじかった。足首を骨折しながら、連日、松葉杖で駅頭に立ち、選挙演説を繰り返した。その奮闘ぶりは地元では語り草になっている。14年12月の衆議院総選挙でも再選を果たしたが、その後、男性の政策秘書への暴言・暴行が発覚。自民党を離党して臨んだ17年10月の総選挙では5人の候補者中、最下位に沈み、落選した。

「選挙に全力投球で臨んで当選するところも桜蔭らしければ、秘書への暴言も桜蔭らしい。桜蔭生は相手を見下しているかのような行動をとることがある。本人にはその

自覚がまったくないので、ある意味タチが悪い。ＫＹ（空気が読めない）の人が多いんです」（ＯＧ）

エリートがゆえのＫＹはよくあるパターンだが、桜蔭出身者の集中力については衆目一致するところ。「受験テクニックは塾や予備校で学びましたが、集中力は桜蔭の教育による賜物」とＯＧ。そのアイテムとなっているのが「礼法」の時間である。

「関東大震災の翌年の１９２４年に、東京女子高等師範学校（現お茶の水女子大）の同窓会によって設立された桜蔭の建学の精神は『礼と学び』。その心を養うための授業として、礼法の時間が設けられたのです。中１は週１回、中２と中３は５週に１回、そして高２の時に『総合』の授業の中で礼法を学びます」（学校関係者）

具体的には、体幹を保つ姿勢、歩き方、座り方などの基礎、さらには日常生活での作法や、和室における所作を学ぶ。

「こうした立ち振る舞いを畳の上で実践するのですが、心が落ち着き、集中力も高まっていく感じが体の中から湧き上がってくるのがわかる。この感覚が身についたことで、受験勉強には非常にプラスになったと思います」（ＯＧ）

## 桜陰生にとって東大に入るより難しいこと

女子校としては他の追随を許さない位置にある桜蔭だが、もうひとつの側面として、よくマスコミに取り上げられるトリビアがある。「桜蔭生は東大に入るより、結婚するほうが難しい」という説である。

開業医のOGは「となると、3人に1人も結婚できないことになってしまいますが、さすがにそれはない」と一笑に付したものの、しばらく考えて、「でも、独身率はかなり高いかも」とつけ加えた。

「全体のデータはわかりませんが、私の学年の名簿を見ていると、旧姓のままの人がけっこういる。結婚してもそのままにしているケースがあるにしても、とにかく離婚する人が多いんです。かくいう私も離婚していますし……。そういう意味では『現在独身』という桜蔭生は3分の2を超えるかもしれません。あくまでも、私の印象ですが」

このOG自身はそもそも、結婚願望が薄かったという。

「跡継ぎが欲しかったのと、世間体を考えて結婚したんですが、2年ももちませんでした。私もそうですが、桜蔭生は経済的に自立している人が多いので、少しでも相手に気に食わないところが見えると、すぐ離婚に踏み切ってしまう」

思い通りの学校に入り、望む仕事に就いたとしても、すべての幸せを掌中に収めるのはなかなか難しいようだ。

東京・私立女子新旧注目2校――豊島岡女子学園

# 〝女子御三家〟の一角を崩した豊島岡女子学園の小テストと運針

## 女子御三家の雙葉学園を完全に凌駕

「この四半世紀でもっとも躍進した女子中高一貫校といえば、豊島岡女子学園（東京・豊島区）をおいてない」

こう話すのは、受験業界歴30年を超える大手予備校のベテランスタッフだ。

２０２０年の東大合格者数は29人。東京の女子中高一貫校「御三家」と比較すると、94年から27年連続でトップ10入りを続け、20年も85人で全国第３位だった桜蔭には遠く及ばないものの、女子学院（20年33人）とは抜きつ抜かれつのデッドヒート。前年の19年の東大合格者数は豊島岡が20年と同じ29人で、女子学院の27人より多かった。21年は女子学院22人、豊島岡21人と両校ともややふるわなかった

が、もう一校の御三家である雙葉学園（20年10人、21年8人）に対しては完全に凌駕している。

「東大を目指すような学校ではなかった」とは80年代半ばに豊島岡を卒業したＯＧ。「私のクラスには、東大を受験する生徒は一人もいなかった。同じ学校とは思えないほど、隔世の感があります」

## 躍進のきっかけは1989年の入試日変更

躍進のきっかけとなったのは１９８９年の中学入試日変更。御三家を含め、大半の有名女子校の入試日は２月１日。豊島岡もそうだったが、それを２月２日に変えたのだ。相当な冒険だった。他校との併願者が増えると、入学するのが最終的に何人になるのか、予測しづらくなってしまうからだ。この賭けは吉と出た。

「御三家のすべり止めとして受験する生徒が増えたのです。それで優秀な生徒が集まるようになり、右肩上がりで大学受験の実績も上向いていった。すると、御三家と豊島岡の両方に合格したケースで、うちを選ぶ生徒も徐々に増えていったのです」（元豊島岡教員）

豊島岡が注目されているのは、東大合格者数だけではない。

「ここが凄いのは医学部受験で実績を上げている点」と話すのは前出の予備校のベテ

ランスタッフ。医学部合格者数は東大合格者数と並ぶ進学校の人気のバロメーターだ。豊島岡の20年の国公立大医学部合格者数は39人、21年は45人。これは桜蔭と並び、首都圏女子校トップクラスの数字である。

## 桜蔭を上回る国公立大医学部現役合格者数

「20年の39人のうち現役合格は31人で、桜蔭の24人を大幅に上回っている。全国で国公立大医学部合格者数の女子校トップは大阪の四天王寺で、67人と圧倒的な数字を誇っていますが、うち現役は29人です。リケジョ（理系女子）が生徒の半数以上を占める豊島岡の実績が際立っています」（同予備校スタッフ）

その強さの秘密は何なのだろうか。

「中学時代から、大学受験に特化したカリキュラムを組んでいるのが大きい。5教科に関しては増加時間を設け、特に数学と英語の時間数を多くしている。数学は中1で35時間、中2で70時間、中3で70時間、英語は中1で70時間、中2で105時間、中3で105時間、通常よりも増やしています」

と説明するのは学校関係者。さらにこう続ける。

「国語、理科、社会も含め、かなりの時間数を増やしているので、当然、授業は前倒しとなって、カリキュラムも進んでいくことになります。といっても、ものすごく先に行くわけではありません。数学と英語が高校の分野に入るのは中3の途中から。他の私立校ではもっと先に進んでいるケースも多いのですが、豊島岡ではセーブしている。まずは、しっかり基礎学力をつけることが大切だと考えているからです」

基礎学力のために行われているのが小テスト。中1から高3まで毎月、漢字、英単語、計算問題などの小テストが行われている。

## 合格点がとれるまで追試

「合格点がとれなければ、とれるまで早朝登校させて追試を繰り返します。こうして基礎学力さえつけておけば、ひとりで受験勉強をする際に、わからないところが出てきても、なんとか自分で解決することができます。この小テストが豊島岡が伸びた最大の要因だと思います」（同）

豊島岡の中学の生徒数は1学年約270人。高校からも85人（推薦30人、一般入試55人）前後が入学してくる。

「中高一貫校で高校からも生徒を採っている場合、高校から入学する生徒の方が成績がいいケースが多いのですが、豊島岡は違う。中学からいる生徒のほうが成績がいいのです。中1の時から小テストで、みっちり基礎学力が叩き込まれている証拠でしょう」（学習塾幹部）

なお、高校からの募集は22年度を最後に停止する予定。以降は、完全な中高一貫校となる。

豊島岡の前身は1892年に開校した女子裁縫専門学校。その後、東京家政女学校を経て、1948年に現在の地・池袋に移転し、校名も豊島岡女子学園になった。そして、押しも押されもせぬ進学校へと変貌を遂げたわけだが、裁縫学校だったDNAは今も生き続けている。その一番の表れが、毎朝、始業前に行われる「運針（うんしん）」。生徒たちは5分間、手縫いの基本練習をするのだ。白い木綿の布に赤い糸がついた針を黙々と通していくのである。

「何も考えないで、ひたすら手を動かし、5分がすぎたら縫った赤い糸を抜いてしまう。だから、達成感というのはないんです。だけど、その間、ものすごく集中力が高まる。家でも勉強に飽きてきて集中できなくなったら、この運針をやっていました。すると、不思議とまた、集中できるようになるんです」（前出とは別のOG）

18年、東京医科大で女子受験者などが不利になるように得点操作を行っていた事実が発覚。このほかにも、順天堂大や昭和大など、8校の私立医大でこうした不適切入試が繰り返されていたことが明るみになった。

豊島岡の生徒のようにひたむきに医師を目指す女性たちの優秀さに、大学当局は怖れをなしたのだろう。いずれにしても、豊島岡の躍進はまだまだ続きそうである。

# 神奈川の雄「聖光学院」が重視する体験型学習の〝遊び心〟と非認知能力

## ナンバーワンの座をほぼ獲得？

「神奈川県といえば、栄光学園（鎌倉市）が長年、進学校ナンバーワンに君臨してきたのですが、ここのところ危うくなっている。すでに、その座は入れ替わっているかもしれない」と話すのは大手学習塾の幹部。栄光学園を脅かしているのは、校名に〝光〟の文字が入り、戦後に開校したカトリック系の私立男子中高一貫校であることなど、共通項の多い聖光学院（横浜市）だ。

１９４７年創立の栄光学園はすでに60年代、首都圏でその名が知られるようになっていた。一番わかりやすい進学校のバロメーターである東大合格者数はまだトップ10に入るまでにはなっていなかったが、難関大学への受験実績を着実に積み重ねていた。70年代半ばに初めて東大合格者数トップ10入りを果たすと、以降はその常連になり、知名度も全国区になっていった。

## 07年に初めて東大合格者数トップ10入り

一方、栄光学園から11年遅れて58年に開校した聖光学院が初めて東大合格者数トップ10に入ったのは07年。以来15期連続でトップ10入りを続けている。「東大合格者数をそれほど重視しているわけではないし、ましてや栄光をライバル視もしていない」と学校関係者は話しながらも、どこか誇らしげな雰囲気が伝わってくる。

特に21年は大きな差がついた。聖光学院の東大合格者は79人（現役69人）で全国5位だったのに対し、栄光学園は47人（34人）で13位と6期ぶりにトップ10から陥落した。とはいえ、これで聖光学院が栄光学園に勝ったというのは早計なようだ。聖光学院の1学年の生徒数は225～230人。栄光学園は約180人だ。

「ただ、ここ十数年の人気では聖光学院が上回っている。偏差値でもかなり差がついています」（学習塾幹部）

## 02年にスタートした体験型講座「聖光塾」

聖光学院の偏差値は神奈川県トップの70（四谷大塚調べ）。栄光学園は67である。

聖光学院の人気が上昇している理由はどこにあるのだろうか。

「国公立大医学部への合格が多い点なども挙げられますが、そうした大学受験実績だけではありません。しっかりした授業カリキュラムを構築しながらも、生徒たちが伸び伸び学園生活が送れるように、さまざまな点で工夫している。そうしたところが保護者たちからも好感をもって受け入れられているようです」（学習塾幹部）

学校関係者が「自慢のプログラム」と胸を張るのは、02年にスタートした「聖光塾」なる体験型学習講座。中1が行う「おもしろ実験教室」では、レモン電池や熱気球など、理科の教科書には出ていない実験に臨む。中1、2の三浦半島観音崎での体験学習では、潮だまりを観察したり、潜って採取した生物の標本づくり。中2、3の「フライフィッシング入門」では、生徒が自分で製作した毛バリを使って、ニジマス釣りに挑戦する。中1から高2までの各学年では、思考力を養うための「数学講座」もある。

他にも「本気の昆虫採集」「里山の自然」「ロ

ボットを作ろう・動かそう」「宇宙エレベータープロジェクト」など、ユニークな講座が目白押し。年間25以上の講座がある中で、イチオシはNPO法人の協力を得て行っている高1・2向けの課外活動プログラム「ジョブシャドウイング」だ。

夏休みに企業、病院、大学研究室、建築事務所などに出向き、社会人に1日密着する。その姿を生徒一人ひとりが自分たちの目で確かめ、働くとはどういうことなのか、肌で感じようというのだ。ただ、残念ながら、同プログラムはコロナ禍のせいで20年以降は中止になっている。

## 日本人初の学校長が打ち立てた3本柱

聖光塾は今や聖光学院の教育にとって欠かせないアイテム。そこまで昇華させた功労者の一人として、真っ先に名前が挙がるのは聖光学院OBの工藤誠一校長（学校法人の理事長を兼任）。明治大法学部を卒業後、社会科の教員として母校に奉職。04年に校長に就任した。

「それまではずっと、校長職には外国人の修道士が就き、日本人がなったのは初めてです。工藤さんは聖光学院に在学中からリーダーシップを発揮。高2の時は学校最大のイベントである文化祭『聖光祭』の運営委員長も務めた。人をまとめる力は、教員になってさらに磨きがかかった。これがいいと思ったら、率先して自ら動いて進めて

いく先生です」（学校関係者）

校長に就いた工藤氏は3つの柱を打ち立てた。まず「脱・進学校」。進学校としての特長を消そうというわけではない。しかし、大学受験だけに重きを置いてしまうと、生徒の非認知能力が育たないと工藤校長は考えたのである。認知能力は学力や知能指数など、数値化できるもの。一方、非認知能力は自己認識、意欲、忍耐力、協調性、対応力、創造力など、数値化しにくいものを指す。将来を豊かにするために欠かせない能力で、幼児期・学童期に加え、第2次成長期である中学・高校の時期に一気に伸びると考えられている。

「聖光塾に遊び心をふんだんに取り入れているのも、非認知能力の成長に役立てようという意図があるからです。そうした中で、生徒たちに自分がやりたいことや、何が向いているかを発見してもらう。飽き飽きするような内容では意味がないのです」（学校関係者）

## 伝説のバンド「オフコース」を育んだ

3つの柱の残りの2つは「生徒を学校に縛りつけない」と「開かれた学校」。自由な環境の中で、生徒たちが自身の才能を見つける機会をより多く提供するのが狙いだ。「生徒の自主性を尊重する姿勢は昔からあった」と振り返るのは70年代に在学していた60代のOB。

「ミッションスクールのわりには堅苦しい雰囲気はなく、気ままにやらしてもらっていました。その象徴が聖光祭だった。運営については生徒の自主性に任す部分が大きかった」

聖光祭は偉大な音楽グループも生んでいる。オフコースである。最初のメンバーは小田和正、鈴木康博、地主道夫、須藤尊史の4人。いずれも、聖光学院が開校して3年目の60年に入学した同級生だ。なお、小田と鈴木は入学する前からの知り合い。中学受験のために通っていた学習塾で出会った。小田も鈴木も第1志望は栄光学園だったが、2人とも合格できず、そろって第2志望の聖光学院に進んだ。

高3の時に聖光祭に出演。これが同級生4人で演奏する最後になった。横浜市立大に進んだ須藤が抜けてしまったからだ。小田と地主は東北大、鈴木は東工大に入り、離ればなれになったが、互いに行き来して演奏活動を続けた。70年にはメジャーデビューも果たしたものの、結局、地主も就職時に脱退。オフコースは小田と鈴木の2人だけになり、フォークデュオとして活動するようになった。

「ちょうどその頃、中高生だった僕は2人の演奏を何度も聴いていています。聖光祭に毎年のように出演していたのです。その後、3人の新メンバーが加入し、5人のバンドになり、大ヒットを連発するのですが、この時期の2人だけのオフコースが一番好き

でした。彼らの歌声から聖光らしい誠実さが伝わってきて感動したのです」（OB）
聖光学院の創立以来の校訓は「Be Gentlemen（紳士たれ）」。近頃はなかなか耳にする機会のない言葉だが、そこには「リーダーシップをとれる人間になれ」という意味が込められている。それは、物事に誠実に向き合い、自発的に行動することによってしか、生まれないものなのだろう。

# 母体はイエズス会の栄光学園　少数精鋭教育の強み

## 急勾配の坂を徒歩で通学

「うちの生徒は純粋培養のひ弱なイメージが強いかもしれませんが、世間が思っているよりもずっと、たくましい」と話すのは、神奈川県の名門男子中高一貫校、栄光学園（鎌倉市）のＯＢ。

「ミッションスクールなので、特に文武両道が奨励されるような校風ではない。２時限目と3時限目の間に全校生徒が上半身裸で運動する『中間体操』というイベントはありますが、それよりも通学ですね。これで鍛えられるんです。心臓破りの坂を６年間、月曜から土曜まで毎日、通わなければならないんですから」

栄光学園はＪＲ大船駅から徒歩15分。最初は平坦だが途中から坂になり、10分近く、ひたすら登らなければならないのだ。勾配がきつく、かなり足腰にくる。バスもあるのだが、生徒たちは駅から徒歩で通学するのが原則になっている。

ところが２０２０年春は、全長25メートルの巨大な大船観音の下を栄光学園生徒がゾロゾロと登っていく朝のいつもの光景がなかなか見られなかった。新型コロナウイルスの影響で休校を余儀なくされたからだ。6月3日、分散登校・短縮授業の形で、ようやく新学期が始まった。7月6日からは全員登校の通常の形に戻った。

コロナ騒動の影に隠れ、20年の大学受験戦線はあまり話題になっていないが、栄光学園は例年通り、安定した力を発揮し東大合格者数は57人で全国第10位。その前は16年57人（8位）、17年62人（8位）、18年77人（5位）、19年54人（9位）となっている。ただ、21年は47人（13位）とトップ10から漏れた。

「70年代後半からずっと、東大合格者数トップ10の常連ながら、トップ3に入るような華々しさはない。しかし、それは当然なんです。私立進学校の大半は1学年の生徒数が300

〜400人。一方、栄光学園の場合は1学年180人しかいない。でいながら、この位置を保っているのは凄いこと」

こう解説するのは大手予備校の幹部。何か栄光学園だけの特別なカリキュラムはあるのだろうか。「他の伝統校とあまり変わらない」と話すのは同校関係者だ。

## 難関大進学のための特別なカリキュラムはない

「3年生の夏休みに希望する生徒を対象に無料の進学講習を実施していますが、これは他校もやっていることでしょう。強いて挙げれば、中学1年の時から、テーマに対して自主的に解決できるようにする『自学自習精神』を重視していることぐらい。ただ、こうした考え方を取り入れている伝統校は多いですし、それほど特別なことではないような気がします」

学校のカリキュラムうんぬん以前に、潜在能力が高い生徒が目立つ。伝統校では「優秀な生徒が集まれば、名門校として世間に認知され、さらに優秀な生徒が集まる」（予備校幹部）という好循環が生まれるのだが、栄光学園の場合はどうだったのか。

「栄光学園が開校したのは1947年。たとえば、東京の私立男子校御三家は開成が1871年、麻布が1895年、武蔵が1922年と歴史が古く、名門校になるための十分な時間があった。戦後にできた栄光学園が名門校を目指すには、かなりのハンデがあったのです」

こう話す予備校幹部は、栄光学園が名門校に駆け上がった背景として、経営母体のカトリック教会男子修道会「イエズス会」の存在を挙げる。同会の創設者の一人は日本に初めてカトリックを伝えた宣教師フランシスコ・ザビエル。以来、日本とは馴染みが深く、会にとっても重要な拠点になっている。

「イエズス会は日本で教育に非常に力を入れてきた。同校を母体とする中高一貫校は栄光学園、六甲学院、広島学院、上智福岡（旧泰星学園）の4校。いずれも、地元で有数の進学校に育っています。特別なカリキュラムが組まれているわけではありませんが、4校とも1学年の定員は200人未満で、少人数制がとられ、生徒一人ひとりに目が行き届く教育を実践しているのが強みだといえます」（同）

## 生徒から慕われたピタウ先生

なお、前記の4校は2016年、イエズス会の日本での最大拠点・上智大を運営する学校法人上智学院に合併。それぞれの学校法人は解散した。イエズス会の結束強化を目指したものだが、各校の独立経営はそのまま維持されている。

他の名門校と比較して、栄光学園には特筆すべきカリキュラムはない代わりに、「教員体制では負けない」と前出OB。ユニークな教員が多いという。その中の一人にイタリア生まれのヨゼフ・ピタウ氏という人物がいる。

イエズス会で聖職者の道を歩んでいたピタウ氏が来日したのは1952年9月、23歳の時だった。1年半の日本語学習ののち、栄光学園で英語と社会倫理を教えるようになった。「たいへん優しい先生で、生徒からとても慕われていたと聞いています」とOBは話す。

その後、上智大大学院や米ハーバード大大学院に留学したのち、ピタウ氏は上智大で法学部の教授に就任。68年には史上最年少の40歳という若さで上智学院の理事長に就任した。上智大で学長も務めたピタウ氏は81年秋、教皇ヨハネ・パウロ二世から要請を受けイタリアに戻った。ローマでさまざまな要職に就いたあと、04年春、ピタウ氏は再び日本の地を踏んだ。

そのままいれば、イエズス会の総長や教皇など、さらに上の役職に就くのではという声もあった。それでもこちらに帰ってきたのは、栄光学園から始まった日本での生活に愛着があったからだろう。ピタウ氏はそのまま日本に残り、14年に86歳で亡くなった。

「ピタウ先生が生徒にいつも言うのは『困っている人を助けなさい』だったそうです」（OB）

## 小柴昌俊氏がテストで出した問題

短期間だが、ノーベル物理学賞を受賞した小柴昌俊氏も、東大大学院時代に臨時講師として栄光学園で教鞭をとっている。この世界に摩擦がなければどうなるかという問題を出題。正解は白紙で答案を出すことだった。摩擦がなければ、鉛筆がすべって答案用紙に何も書き込むことができないからだ。

ユニークなのは教員ばかりでない。卒業生からも、注目の人材を数多く輩出している。新国立競技場のデザインを担当した建築家の隈研吾氏も栄光学園出身だ。189センチメートルの長身を生かし、在学中はバスケット部に所属し、センターを務めた。

ベストセラー作家で解剖学者の養老孟司さんも栄光学園出身

他にも、『バカの壁』でベストセラー作家となった解剖学者の養老孟司氏、前三井物産会長の飯島彰己氏、元東京電力社長の清水正孝氏、外務事務次官の秋葉剛男氏……。挙げだしたらキリがない。

首相経験者も一人いる。第79代首相を務めた細川護熙氏だ。ただし、栄光学園に在学したのは中学までで、高校は学習院に進んだ。

21歳の若さでゴーカート事故で亡くなった俳優の赤木圭一郎氏も栄光学園に在学していたが、ミッションスクールの雰囲気が肌に合わず、中学3年の途中で転校している。

多士済々を世に送り出してきた栄光学園のホームページを開くと、真っ先に画面に出てくるのが「MEN FOR OTHERS, WITH OTHERS」という言葉。「他者とともに他者のための人でありなさい」という意味になるだろうか。新型コロナをどう乗り切り、社会貢献していくのか、学校の真価が問われている。

# 10期連続東大トップ10 渋谷教育学園幕張の躍進

**開校からわずか30数年でトップクラスに**

「近年もっとも成功した進学校」（大手学習塾幹部）と評される中高一貫の渋谷教育学園幕張中学・高校（通称「渋幕」、千葉市）。２０１２年に東大合格者数のトップ10に名を列ねてから10期連続でランクイン。私立の男女共学校としては初の快挙だ。

「16年に東大合格者数は前年から20人増やし76人（5位）、17年も78人（5位）だった。ところが、18年は48人（9位）と一気に30人も減らしてしまったんです。さすがに勢いに陰りが出てきたかと思ったら、19年は72人（6位）とすぐに復調。その実力は本物であり、快進撃は当分、続きそうです」（学習塾幹部）

20年は74人（5位）、21年は67人（8位）だった。

渋幕の開校は高校が83年、中学はその3年後。わずか30数年でトップクラスの名門校に肩を並べたことになる。立役者は同校を設立した田村哲夫理事長兼校長。85歳になった今も最前線で牽引する。「急成長の最大要因は田村さんの徹底したワンマン経営」と渋幕の関係者は証言する。田村が教育産業にかかわりだしたのは62年。4年間勤めた住友銀行（現三井住友銀行）を退職し、父が経営する学校法人渋谷教育学園に入職した。70年に父が亡くなると、学校法人の理事長と、当時運営していた渋谷女子高校の校長に就任。以来、経営と教育両面のトップを担ってきた。最終学歴は東大法卒だが、もっとも影響を与えたのは中学高校時代をすごした麻布学園での6年間。

「渋幕開校に向けて田村さんのモチベーションとなったのが麻布の男女共学版を実現したいという気持ちだった。同校のようなリベラルな校風の学校をつくり、いずれは追い越すと公言し、周囲を鼓舞していた」（渋幕関係者）

麻布の創立は明治時代の1895年。そして、1954年以降は東大入試のなかった69年を除き、21年まで67期連続で東大合格者数トップ10入りを果たしている。伝統と実績がまるで違うこの巨象に、新設校の渋幕が挑もうというのである。

「17年に麻布は実質的に渋幕に追いつかれた。東大合格者の総数は1人だけ及ばなかったものの、現役合格者数は麻布の46人に対し、渋幕は61人と大幅に上回った。そして20年、総数でもついに追い抜かれる。麻布は渋幕より下の6位。21年は再び逆転しましたが……」と麻布OBは複雑な表情を見せる。

## 理事長の教育理念は「自調自考」

躍進の原動力は何か。前出の学習塾幹部は「学校の授業内容もさることながら、いかに地頭がいい生徒を集められるかにかかっている。そのあたり、渋幕は賢く立ち回ってきた」と話す。千葉に進出する時点では、県内ではまったくの無名。生徒集めは困難が予想された。だが、ふたを開けてみれば、結果はまったくの逆だった。初年度350人の募集に対し、約4000人の受験者が集まったのだ。

「当時、千葉県は県立の千葉高校を頂点とするヒエラルキーが出来上がっていて、上位校を公立が占めていた。私立は公立に入れない生徒が行くようなところだった。しかし、ちょうど時代の変わり目だったのが渋幕に幸いしました。都内に通勤するいわゆる千葉都民が急増。従来の公立では飽き足りないと考える家庭が増えたんです。一流大学に合格したいという要望に応えてくれそうな雰囲気が渋幕にはあった。麻布の共学版という発想が受験者とその家族の間で受け入れられたのでしょう」(渋幕関係者)

田村が渋幕で生徒たちに提唱するのは「自調自考」。自分で調べ、自分で考えるという意味だ。まさに、麻布の生徒の自主性を重んじる校風がそのまま取り入れられているように映る。校則がほとんどないというのも同じだ。が、渋幕の卒業生の一人は「そのスローガンとは裏腹に、現場では詰め込み式の授業が行われている」と話す。

「高3の夏期講習をはじめ、大学入試に向けた勉強をみっちり叩き込まれました。今になって振り返ると、渋幕のどのカリキュラムも、東大や医学部の合格者数をいかに増やすかに最大の目的が置かれていた気がします」

学校を率いる田村の考えをよく知る渋幕関係者は「建前と本音をうまく使い分ける」と評する。田村は00年代、文部科学省の中央教育審議会（中教審）の委員を3期6年にわたって務めた。そこで、ゆとり教育の旗振り役を担ったが、「完全にダブルスタンダード」（文科省総合教育政策局関係者）だった。

「かねてから田村氏は学校週5日制を提言するなど、ゆとり教育の推進者でした。当然、中教審でもそうした主張に立っていた。ところが、渋幕では土曜日も授業をして週6日制を続けた。こうしたことに対し、外野からは『自身の学校への利益誘導』との批判も起こったのですが、田村氏はどこ吹く風といった態度でした」

## 俳優の田中圭、日テレの水卜麻美アナが卒業生

銀行出身らしく、教育者よりも経営者としての顔をしばしばのぞかせる田村。その一方で、渋幕はユニークな人材を数多く輩出してきた。19年8月まで日本マイクロソ

フト社長を務めた平野拓也もその一人。国内のクラウドベンダー4位だった同社を4年間で2位に押し上げた。同年9月、米本社の新設部門の副社長に抜擢された。

バラエティでも大ブレーク中の俳優・田中圭、女子アナ人気ランキング（オリコン調べ）で5年連続1位を獲得して殿堂入りした水卜麻美（日本テレビ）も渋幕出身だ。

変わり種としては落語家の立川志の春。渋幕卒業後、米国の名門・イェール大に進み、三井物産に入社。エリート街道を歩み始めていたが、立川志の輔の落語を聞いて衝撃を受け、同門下に入った。


これからも渋幕OB・OGが活躍する場面はさらに増えていくだろうが、問題は今後の学校経営。田村が高齢ということに加え、渋幕の副校長が長男、姉妹校の渋谷教育学園渋谷（通称「渋渋」）の副校長が長女と、運営の大半を一族で固めているのも懸念材料だ。少子化が進む中、新しい血を拒絶する硬直した組織で乗り切れるのだろうか。

日本テレビアナウンサー水卜麻美さんも渋幕出身者

俳優として活躍中の田中圭さん

躍進校・注目校（私立）――世田谷学園

# 「スポーツの名門」世田谷学園で東大合格者数が急増する背景

## 医学部受験を意識した「理数コース」

「近年、ここぞという勝負を賭けている進学校といえば、この学校をおいてほかにはないでしょう」

大手学習塾の幹部がこう評するのは、２月１、２、４日に中学入試が行われる私立男子中高一貫校の世田谷学園（東京・世田谷区）。２０２１年度から、新たなコースが設けられた。「理数コース」である。

「最近は中学に入学する前の段階で理数系に進もうと考えている生徒が少なくなく、そのニーズに合わせて、理数コースを新設することになったのです」（学校関係者）

理数コースの募集人数は、本科コースの１６０人に対し40人。入試問題は本科コースと同じだが、配点が異なる。

国語（１００点）と社会（50点）は同じ。算数（本科１００点、理数２００点）と理科（本科50点、理数１００点）は倍の点数に設定している。

「明らかに医学部を意識したものでしょう。特に国公立大医学部の合格者数は、東大合格者数と並ぶ、進学校の人気のバロメーターになっている。世田谷学園の大学受験実績は年々上がっていますが、進学校としてさらにランクアップを目指すには医学部受験の実績を積む必要があるのです」（学習塾幹部）

同校の東大合格者数は14年７人、15年４人、16年７人、17年７人、18年５人と一桁台で推移していたが、19年に15人とジャンプアップ。さらには東工大に13人、一橋大に５人が合格している。20年の東大合格者数も11人と二桁を継続。東工大11人、一橋大８人と相変わらず好調だったが、21年は東大５人、東工大５人、一橋大３人と、やや冴えなかった。

一方、国公立大医学部には19年７人（千葉大、筑波大、北大、東北大、浜松医大、弘前大、京都府立医大、各１人）、省庁大学校の防衛医大には２人が合格。20年は４人（東大、東京医科歯科大、筑波大、横浜市立大、各１人）、防衛医大には４人が合格。21年は５人（千葉大、東北大、三重大、福島県立医大、京都府立医大各１人）、防衛医大に２人が合格している。この数字をさらに伸ばすために、理数コースを新設したというのが受験業界での一般的な見方だ。

## 古賀稔彦ら金メダリスト4人を輩出

大学受験に特化しているように映る世田谷学園だが、以前はスポーツ名門校として鳴らしていた。柔道では古賀稔彦、吉田秀彦、瀧本誠、大野将平と4人ものオリンピック金メダリストを輩出している。同校が大学受験に力を入れ始めるのは80年代。

「82年に山本慧彊先生が第12代校長に就いてからです。『スポーツ名門校として存在できる時代は終わった』と訴え、一流大学に合格する生徒を何人、生み出せるかに力を入れるようになったのです」（学校関係者）

山本12代校長は就任した翌年の83年、それまでの「世田谷中学・高等学校」から現在の校名に替えている。公立校と間違えられやすく、地元以外の生徒が受験することが少なかったからだ。84年からは、中学の全学年で英会話指導をスタート。さらにはカナダやニュージーランドの学校と提携を結び、研修や派遣留学を行っている。

校名変更や英語教育もそうだが、以降も進学校としてのステップアップを図るために、いろいろな工夫をしている。そのひとつが特進クラスの設置。同校の現在のホームページには次のようにある。

〈本科コースでは、3年生からは特進コースと一般クラスの編成となります。特進クラスは、年間の成績により編成替えを行い、知識を有効に結びつけ、思考を深める授業を展開します。一般クラスでは、じっくりと着実に基礎力をつける、きめ細かな指

導を行います〉

## 学内でも賛否があった特進クラス

なお、同校では中学1～3年、高校1～3年の呼称は用いず、1年生、2年生……6年生と呼んでいる。19年度までは3年生からではなく、2年生から特進クラスを設置。年間成績の上位の生徒が、5クラスのうち1クラスだけある特進クラスに振り分けられる仕組みである。「以前は、1年生から特進クラスがあった」と話すのは00年代に在校したOB。

世田谷学園出身の柔道金メダリスト故古賀稔彦さん

同じく柔道で金メダルを獲得した吉田秀彦さん

「入学後、学力テストがあり、その結果と入試の点数で、1年生も特進クラスと一般クラスに振り分けられるんです。私は入試の出来がかなり良かったので、特進クラスになった。ところが、その後はあまり勉強に熱心でなかったせいか、成績が下がり始め、3年生の時に一般クラスに落とされてしまった。これは

10代半ばの少年にとってはかなり屈辱的な出来事だった。その頃のことを思い出すと、今でも悔しさが込み上げてきます。それで一念発起すればよかったのに、逆にやる気をなくし、二度と特進クラスに戻ることはできなかったのです」

生徒をこうして振り分けることに対しては、学内でも賛否両論があったようだ。

「生徒を差別化するのはどうかという意見もあったのですが、実施してみて、それぞれの学力を高めるには一番効率的な方法だと確信できた。結局、大切なのは特進クラス、一般クラスにかかわらず、教員たちが生徒一人ひとりをいかにフォローできるか。そこさえしっかりしていれば、落ちこぼれをつくることもないですし、実際、大学受験でもいい結果をもたらしている」（学校関係者）

## 1時限70分授業を実行した試行錯誤

進学校としてより高みを目指すために、さまざまなトライをしてきた世田谷学園だが、中には失敗もある。

「00年度に3学期制から前後期の2学期制にして、授業時間を1時限50分から70分に移行。あまり評判はよくありませんでした」（学校関係者）

70分授業を経験している前出OBも「あれは辛かった」と振り返る。

「いかんせん、長過ぎますよ。学校側は学習の効率化をうたっていたようですが、集中力がもたず、授業の後半はほとんど頭に入ってこない。まったく効率的ではなかったですね」

結局、09年度から1時限50分、17年度からは3学期制に戻している。

試行錯誤しながらも、おおむね順風満帆にきていると傍目には映る世田谷学園だが、落とし穴がなかったわけではない。前出の学習塾幹部は次のように話す。

「ここ数年の間、偏差値が乱高下しているのです。いきなり3ポイントも下がった年もある。15年から18年にかけ、複数のメディアが同校のいじめ、不登校、スクハラ（スクール・ハラスメント＝教員の生徒への暴言等）といった問題を取り上げたことが影響したものと思われます。こうした問題は進学校の大半で起こっているのですが、学校側の対応のまずさもあったのではないでしょうか」

ただ、19年、20年と東大合格者数が連続で二桁に乗るなど、受験戦線で好結果が出ていることもあり、偏差値は再び上昇局面に入っている。

だが、それを手放しで喜んでいいかどうかは別問題。同校の起源は1592年に開設された曹洞宗吉祥寺の学寮。人間教育を第一義とするが、大学受験に特化するあまり、大切なものがどんどん失われているような気がしてならない。

# 早稲田中学・高校の強み 系列7校で異彩を放つ「一流進学校」

## 大学との距離感を保つ早稲田中学・高校

有名大の傘下にある系列校は、そのまま大学まで内部進学するパターンが多いが、そうでないケースもある。中高一貫男子校の早稲田中学・高校（東京・新宿区）もその一つ。早稲田大キャンパスに隣接する場所に校舎を構えながらも、必ずしもエスカレーター式に大学に上がるとは限らないのだ。

早稲田大の系列には附属校の早稲田大学高等学院（中・高）、早稲田大学本庄（高）の2校と、系属校の早稲田中学・高校、早稲田実業（小・中・高）、早稲田渋谷シンガポール（高）、早稲田摂陵（中・高）、早稲田佐賀（中・高）の5校がある。附属校と系属校の違いは、その法人格による。

附属校は「学校法人早稲田大学」が運営しているのに対し、系属校はそれぞれの法人が運営する格好になっている。早稲田グループの事情にくわしい早稲田大文系教授は次のように話す。

「21世紀になってから早稲田グループに加わったシンガポール、摂陵、佐賀の3校は別にして、首都圏の各校は附属校か系属校かということによって、内実にそれほど大きな差があるわけではありません。たとえば、大学側の早実に対する扱いは附属校とほぼ同等です。ただ、早稲田中学・高校だけは、大学との距離感を保っていて、少し異色の存在とも言えます」

## 東大、国公立、医学部の合格者が多い

首都圏にある4校のうち、高等学院、本庄、早実の3校はほぼ全員が早稲田大に内部進学するのに対し、早稲田高から推薦で早稲田大に進むのは生徒の約半数。残りの半数は普通に大学受験をする。

ここ5年（2016〜20年）の東大合格者数は38人、30人、38人、30人、27人と推移。21年も33人が合格している。この東大を合わせ、国公立大に毎年、約90〜100人が合格。また、医学部にも数十人の合格者（20年71人＝複数合格を含む延べ人数）を出している。「早稲田中学・高校は進学校としても一流」と話すのは大手学習塾役

員だ。
「早稲田大を志望するのなら、早実、高等学院、本庄が有利です。基本的に生徒全員に推薦が与えられる。一方、早稲田高校の早稲田大への推薦枠は生徒数（1学年約300人）の55～56％。にもかかわらず、首都圏4校の中で、早稲田中学がもっとも難易度が高い。つまり、受験者や保護者の多くは早稲田大への進学だけを前提としているのではなく、よりさまざまな可能性を秘めている進学校として、同校を認知しているのです」

## 早大とは一線を画しながら独立して発展

前身の早稲田尋常中学が誕生したのは1895年。系列校の中では、もっとも古い。「多感な時期にこそ、しっかりした教育が大切」という早稲田大の創設者・大隈重信の理念に共鳴した作家の坪内逍遥、ジャーナリストの市島謙吉、哲学者の金子筑水らによって設立された。

以来、大学とは一線を画し、独立した存在として発展した。早稲田大の系属校となったのもそれほど昔ではない。1979年のことである。

「早稲田大が創立100周年を迎える82年を前にして、グループの緊密化を図る動きがあった。そうした中で早実を附属校、早稲田中学・高校を系属校にして、将来はこの2校を合併させようという案が出ていたんです。これに強く反発したのが早稲田中学・高校の関係者たちです。今まで守ってきた自主独立路線が壊されてしまうのではないかと危惧したのです。ただ、緊密化にまったく貢献しないわけにもいかない。結局、系属校になることだけは受け入れたのです」(前出・早稲田大教授)

## そもそも内部推薦枠がなかった

そうした変革を経て、早稲田高校でも82年から早稲田大への推薦枠が設けられた。逆に言えば、それ以前は早稲田大に優先的に入学できる道筋はなく、同大に進むとしても普通に受験する必要があったのだ。70年代に在学していたOBはこう振り返る。

「私の場合は一橋大商、早稲田大の政経と商、慶應大経済を受けました。政経を除き合格し、結局、一橋大に入りました。もし、その当時、早稲田大への推薦枠があれば、どうしていたか。たぶん、使わなかったんじゃないかな。そもそも、早稲田の校風に憧れて、早稲田中学を受験したというわけではないですしね。単純に、進学校として早稲田中学・高校がいい学校だと思ったから選んだんです」

申し分ない大学受験実績を残してきた早稲田中学・高校だが、そこに何か特別な秘密があるわけではないという。学校関係者は次のように説明する。

「推薦枠を使わずに受験する生徒に対し、別クラスを設けて対策をとるというようなことは行っていません。大学受験、さらには大学入学後の授業にもついていけるだけの学力がしっかりつくように、カリキュラムを組んでいます」

主要科目の大半は他の進学校とそれほど内容が変わるわけではないが、突出しているのは理科。実践に重きを置いている。夏休みや春休みには早稲田大の理工学術院の施設を借りて、「他校では真似ができないようなレベルが高い実験を行う」(同)のだという。

「もうひとつ、自慢できるのは家庭科。家政科大学並みの調理設備を持っていて、本格的な料理も作ります。カレーは市販のものは使わず、香辛料を自分たちで調合する。理科と同様、体験することを重視しているのです」(同)

学校行事も実践的なものが多い。注目は半世紀以上も続く「利根川歩行」。利根川の上流から犬吠埼灯台までの約150キロメートルを中1〜高3までの6年をかけて完歩する。ゴールにたどり着いた時の達成感はかけがえのない経験だ。

## 気がかりなのは生徒の守りと妥協の姿勢

「他の早稲田グループとは異なる独自の世界を創り上げてきた早稲田中学・高校ですが、最近、守りの姿勢が目立っている」

こう指摘するのは、前出とは別の50代後半のOB。違和感を覚えているのは、早稲田大推薦枠の使い方についてである。16年130人（推薦定員169人）、17年147人（169人）、18年138人（169人）、19年152人（169人）、20年164人（167人）と推移している。

「学部ごとに定員があり、人気にばらつきがあるので、通常は枠を使い切ることはない。ところが、ここのところ、定員近くまで埋まっている。これは生徒の側に、『早稲田大ならいいや』と妥協する姿勢があるのと、自分が何をやりたいのか、18歳にもなってまだ見えていないからだと思う」

このOBは早稲田大への依存度が強くなっている傾向を嘆く。

「私がいた頃の推薦枠は全部で50人程度。さすがにそれはすぐに埋まったが、受験して自ら道を切り拓きたいという生徒のほうが圧倒的に多かった。でも今は、そうした進取の気性は失われ、早稲田大に飲み込まれる形で、早稲田中学・高校としての世界観が急速に薄れつつある気がする」

早稲田グループの中では、大学に次ぐ歴史を持つ早稲田中学・高校。そのプライドだけはいつまでも失わないでいてほしいものだ。

躍進校・注目校（国立）――筑波大学附属駒場中学・高校

# 6割が東大合格する筑波大附属駒場の「自分の頭で考えさせる教育」

## 生徒の7割が東大に進む年も

東大受験実績といえば、１９８２年から40期連続で合格者数トップを続ける開成、54年から67期連続（東大入試中止の69年を除く）でトップ10を堅持する麻布、西の王者・灘、60年代半ばまでトップを独走した都立日比谷などがすぐに思い浮かぶ。だが、本当の意味で最高の実績を残しているのは、国立の男子中高一貫校、筑波大学附属駒場中学・高校（通称「筑駒」、東京・世田谷区）だろう。

「進学校ナンバーワンであるのは、受験業界では異論がないところ」と話すのは大手予備校・東大受験コースのスタッフだ。

63年に8位に入って以来、58期連続でトップ10入り。99年以降はトップ5を続けているが、これらの数字自体は目を見張る話ではない。トップ10の58期連続は灘と同じ。トップ5は開成の数字に遠く及ばないだけでなく、灘も66年以降ずっと続けている記録だ。何が凄いのか。生徒数に対する東大合格者数の割合である。開成１学年約４０

0人、麻布約300人、灘約220人に対して、筑駒は約160人（うち約40人は高校から）しかいないのだ。

「生徒の6割が東大に進む〝化け物〟的存在。時には7割に到達する年もある」（予備校スタッフ）

## 自由な校風は同じ筑駒と麻布の違いとは

ただ、2020年は93人（2位）、21年89人（3位）と、順位は定位置ながら、東大合格者割合は6割に達しなかった。13年以降、19年まで7期連続で100人超えを続けていただけに、20、21年の結果はやや物足りない。

不満げな表情を見せるのは30代後半のOBだ。自身は東大理Ⅰに現役で合格している。

「平均的な成績であれば、東大か国公立の医学部を受験するのが筑駒生のごく自然な感覚。

そもそも、筑駒に入学した時点で、東大を目指すのが当然の雰囲気がある。といって、ガリ勉タイプはほとんどいない。普通に6年間の学校生活を送って、当たり前のように東大に合格する。もっともみんな、予備校の模試はよく受けたし、最後の半年は気合いを入れて受験勉強していた。そういう意味では、最近の筑駒生は少したるんでいるんじゃないかな」

こういう話しぶりを聞いていると、かなり嫌味な感じもするのだが、このOB、実際はいたってさわやかな人物。無邪気なだけなのだ。自ら「典型的な筑駒生タイプ」と評して笑う。

筑駒生の特徴とは何なのか。同OBは「自由を謳歌するゆとり」だという。筑駒には制服もなければ、校則もない。このあたりは私立の麻布とまったく同じだ。

「東大で何人かの麻布生と知り合い、麻雀卓を囲む仲になったんですが、よく似ているなと思いました。いかにも、伸び伸びと育ってきた感じで、気持ちにも余裕がある。そして、大人びているところと、どこか子どもっぽいところが混在している。違う点があるとすれば、向こうのほうがオシャレで、多少女性にもてることぐらいかな」

さらに、OBはこう続ける。

「筑駒の授業内容が他の進学校に比べ、特に優れているということはないと思う。こういう言い方をすると不遜だが、頭がいい子が揃っている。それを殺さないように、生徒の好きにさせているのがこの学校の一番の長所でしょう」

筑駒の校風は「自由闊達」。各生徒の自主性を尊重することを第一義に掲げている。その理由を、同校の教師だった人物が次のように話す。

## 筑波付属11校における筑駒の役割

「筑波大の附属校は全部で11校（筑駒は中学と高校で2校と数える）あり、国立の機関として、それぞれに役割が与えられています。その中で、筑駒中・高は『トップリーダーを育てる教育の実験的実践校』と位置づけられている。生徒それぞれが主体的に行動することがリーダーとしての素養につながっていく。したがって、授業も知識を詰め込むのではなく、自分で考える力をつけることに重点が置かれているのです」

たとえば、中学での歴史の授業。この事件があったのは西暦○年といった暗記を生徒に求めることはほとんどない。なぜ明智光秀は織田信長を討とうとしたのか、というようにテーマを決めて、授業の中で生徒同士が議論を戦わせるのである。生徒が自分の頭で考えることを重視しているのだ。

「中学受験の段階で、何年に何があったかというような歴史上の出来事は頭に入っている。社会科に限らず、他の教科も含め、勉強の仕方がわかっているので、暗記ですむような範囲は学校で教えてもらう必要がないんです」（前出ＯＢ）

元教師も「筑駒に入ってくる時には、すでに脳の体力が備わっている子が多い」と認める。

## 工夫を凝らした教師の授業

「そういう生徒を相手にする教師の側は、けっこう大変です。平凡な授業をしていたら、彼らはすぐ飽きてしまう。だから、各教師は授業で使うテキストを自分で作ったりもする。新聞記事の切り抜きを使ったりして、アップトゥデートな話題を積極的に取り入れる先生もいます。筑駒では各担当教員にかなりの裁量が与えられているので、いろいろ工夫しながら、授業に臨んでいるのです」

考えどころが多い授業ほど、人気が出るという。思考を巡らすことに貪欲な生徒が集まっているのだ。学校側も意図的に、そうした人材を入学させようとしているふしがある。

「筑駒の中学入試はものすごく難解というわけではないのですが、知識やテクニックだけではなかなか解けない問題が多く、自力で考え抜く力が要求されます」

トップランクの進学校に数多くの受験者を合格させてきた学習塾幹部はこう解説する。筑駒中学の偏差値は73（四谷大塚調べ）。灘と並んで、国内の中学ではもっとも高い。開成中学は71である。

## 筑駒と開成の両校に合格したら…

「筑駒と開成両方に合格した場合は、筑駒を選ぶケースが圧倒的に多い。保護者からすれば、東大合格者割合の高さはもちろん、費用の安さも魅力なのです」（学習塾幹部）

入学金、授業料、施設費はすべてゼロ。入学初年度にかかるのはPTA入会金、PTA会費、生徒会費、教材費等預り金など、計約15万円だけだ。長所ばかりが目立つ筑駒だが、不満な点がないわけではない。「トップリーダーを育てるとうたいながら、意外にその数は少ない」と嘆くのは前出の元教師だ。

現在も精力的に活躍する小池晃日本共産党書記局長

「学者や官僚はたくさん輩出しているのですが、経済界や政界では今ひとつ目立っていない。筑駒出身者がリーダーシップを発揮している感じがあまりないのがとても残念」

これまで筑駒の卒業生で国会議員になったのはわずか11人。日本共産党の小池晃書記局長（参議院議員）と笠井亮衆議院議員、自民党の後藤田正純衆議院議員を除く8人はすべて官僚出身だ。大臣経験者も細田博之衆議院議員（元内閣府特命担当大臣、元内閣官房長官）と齋藤健衆議院議員（元農林水産大臣）の2人しかいない。

「筑駒では人を押しのけてまで前面に立つようなタイプはあまり見かけない。学費はほとんどかからないといっても、実際に入学してくるのは裕福な家庭の子が多く、どこかおっとりしている。生き馬の目を抜くような政界では、真のトップリーダーはなかなか出てきづらいのかもしれません」（元教師）

いずれにしても、筑駒が進学校の頂点にいるのはまぎれもない事実。日本の未来を左右する存在だけに、その動向からは目が離せない。

躍進校・注目校（国立）――東京学芸大学附属国際中等教育学校

# 注目の国立中高一貫校
# 学芸大附属ＩＳＳはどう台頭できたのか

## 国立が凋落する逆境でも人気のＩＳＳ

「壮大な実験校であるＩＳＳは今後、日本の未来を担う人材を輩出していくと期待されている」と話すのは文部科学省初等中等教育局の職員。

ＩＳＳとは中高一貫の国立校・東京学芸大学附属国際中等教育学校（練馬区東大泉）の略称。学芸大附属大泉中学と同附属高校大泉校舎を統合・再編する形で２００７年に開校した。

現在、東京学芸大の附属校は幼稚園、小学校、中学、高校、特別支援学校など、全部で12校ある。その中で中高一貫校はこのＩＳＳだけだ。「真の国際人を育てる」ことを目的に設立された。「現在、もっとも注目されている国立校」と話すのは大手学習塾のスタッフ。

「学芸大附属高校（世田谷区下馬）といえば、71年から16年まで46年連続で東大合格者数トップ10入りしている名門ですが、最近、人気に陰りが差している。17年の一般入試で受験者数が大幅に減ったうえに、入学辞退者も続出し、なんと定員割れを起こしてしまった。その背景には、深刻ないじめ問題の発覚などもあったものの、何より授業のカリキュラムに魅力がないことが敬遠され、私立の名門に流れてしまったんです。私立より国立を選ぶのが当たり前だったのは過去の話。国立の人気が凋落する逆境の中で、台頭しているのが同じ学芸大附属のＩＳＳなんです」

## 20年に行われたユニークな入試内容

ＩＳＳは入試からしてユニークだ。学芸大附属大泉小学校（1学年90人）から半数の約45人が内部進学。一方、外部進学による入試には２つの方式がある。Ａ方式（募集30人）は書類審査と面接に加え、入試当日に外国語作文（英語、仏語、独語、スペイン語、中国

語、韓国・朝鮮語から選択）と基礎日本語作文。B方式（募集30人）は同じく書類審査と面接、入試当日は適性検査ⅠとⅡの2種類の試験が行われる。

20年2月3日に実施されたB方式の試験内容を見てみよう。適性検査Ⅰでは理数系の問題が出される。数学的な設問が多いが、最後はかなり変わった問題だった。走るチーター、泳ぐマグロ、泳ぐイルカのイラストを見せ、イルカのからだの動きに近いのはチーターかマグロかをその理由も含め問うもの。適性検査Ⅱは社会系。今年はプラスチックゴミ問題が取り上げられた。与えられた資料を読み取って、自分の考えをまとめる力が試される。

「知識の量よりも、解釈力や表現力を見る問題が中心に出されています。ISSの特色である探究学習や協働学習（グループで問題に取り組む）に対応できる生徒を採りたいからです。なお、A方式での受験は帰国子女が中心になりますが、そうした枠があるわけではなく、海外経験のない生徒でも受験できます。また、帰国子女がB方式で受けることも可能で、実際そうして入学した生徒もいます」（学校関係者）

## 海外名門大の合格者が多い

ISSの人気の秘密は何だろうか。国公立大や有名私大にまんべんなく進学しているが、人気のバロメーターとなる東大合格者は毎年、卒業生130人のうちの数人にすぎない。なお、卒業生数が1年次の春に入学した人数より多いのは、以降に編入した生徒（主に帰国子女）がいるからだ。

「ＩＳＳが持てはやされている理由のひとつは、毎年30人前後、海外の名門大に合格していることが挙げられます。世界に羽ばたこうとする生徒やその父兄にとって、国内の有名大への合格実績はそれほど重要ではないのです」（前出・学習塾スタッフ）

授業についても、国際人を育てるためのカリキュラムが組まれている。その根幹となっているのは国際バカロレア機構の推し進める教育だ。同機構は平和な世界を築くための若者の育成を目的に、68年にスイス・ジュネーブで設立された非営利の教育財団。一国の制度に左右されない世界共通の大学入学資格を与えるプログラムを開発。ＩＳＳでは同機構が提供する中等教育プログラムを導入し、1〜4年次の授業で実施している。

「16年度からは5〜6年次を対象に、国際バカロレアの日本語と英語によるディプロマプログラムも開始。身近な国際的テーマを題材に、英語でディスカッションする授業もあります」（学校関係者）

生徒に帰国子女が多いことから、どうしても語学教育の優秀さにばかり目が行きがちだが、ＩＳＳが実践するカリキュラムの長所はそれだけではない。「数学に関しても非常に優れていると自負している」と学校関係者は強調する。

「国際社会の一員として適切に行動する人間を育成する。そのための教科として数学を位置づけているのです。そして、数学的根拠によって判断する力を養い、現実の社会でも活かす。そうした理念を実現するために、ＩＳＳでは独自の数学のテキストを開発しています」（同）

## 国際社会の一員になるために必要な「数学」

受験校の数学はともすれば、詰め込み式の授業におちいりがち。大学受験には役立っても、社会人になるころには「微積って何だっけ、行列って何だっけ」といったように、習ったことの多くが忘却の彼方に消えてしまっている人がほとんどだ。要するに、身になっていないのである。一方、ＩＳＳでは数学が豊かな感性を養う全人教育的な役割も果たしている。数学もまた、語学と同じく国際社会で活躍するための重要なアイテムであり、血となり肉とならなければ意味がないという考えなのだ。

すべてがうまく展開しているように映るＩＳＳだが、ここまでくるのにはさまざまな苦難があったと学校関係者は振り返る。

「当初しばらくは、統合した学芸大附属大泉中学と同高校大泉校舎の教員同士で激しい綱引きがあった。中学と高校ではやり方がいろいろ違い、どちらに統一するかで、ぶつかり合ってしまったんです。たとえば、中学では上履きを使用しているのに、高校では通学してきた靴でそのまま校舎に入る。上履きをなくそうという動きに対し、附属大泉中の教員たちは激しい抵抗を見せたのです」

結局、管理職の裁定で上履きをなくすことに決まったが、一事が万事、こんな調子だったという。そうした対決が見られなくなったのもごく最近の話だとか。

「国際バカロレア教育が浸透し、教員陣の意識も変わってきた。過去に引きずられていない生徒たちのほうが進んでいる面は多く、そこに教員たちがやっと追いついてきた感じです」と学校関係者は話す。

旧附属大泉中のOB・OGからは「母校の面影はすっかり失われてしまった」と嘆く声も聞こえてくる。だが、これも時代の流れ。国立校もかつての栄光にあぐらをかいていては生き残れないのである。

# 18人が東大現役合格 都立中高一貫校・小石川中教のすごさ

## 3・5人に1人が現役でトップクラス国立大に合格

「あまり話題になっていませんが、２０２１年の大学受験戦線でもっとも目覚ましい成果を上げたのは都立の中高一貫校『小石川中等教育学校』ではないでしょうか」

感嘆したように話すのは大手予備校の幹部。小石川の東大合格者数は18人。全国35位にすぎないが、何が凄いかといえば、18人全員が現役合格なのだ。小石川より上位の学校で、合格者全員が現役というケースはなかった。

さらには、京大には5人合格。やはり、全員が現役。一橋大は11人合格中10人、東工大は12人合格中11人が現役だ。21年の卒業生数は１５５人。３・５人に１人がトップクラスの国立大4校に現役で入ったことになる。

「特に驚きはない」と話すのは、60年代に同校の前身の都立小石川高校に在学していた70代ＯＢ。

「僕は違うけれど、当時の小石川は東大に行くのがゴロゴロいた。絶対王者の日比谷にはかなわなかったものの、東大合格者数トップ10の常連だったのです」
60年代半ばまで、大学受験戦線は日比谷、西、小石川、新宿、戸山、両国といった都立高が席巻していた。小石川は65年を最後に東大合格者数トップ10から外れ、以降、圏内に戻ることはなかった。他の都立高の名門も相前後して、受験戦線の主役の座から引きずりおろされていく。

## 中高一貫の私立校と国立校の台頭で…

「都立高の凋落は67年の学校群制度導入（82年廃止）が影響したと言われていますが、それだけではない。麻布、灘、開成などの私立校や、教育（現筑波）大附属駒場など国立校の台頭に抵抗するすべがなくなっていたのです。大附属、教育（現筑波）はいずれも中高一貫。6年間しっかりとカリキュラムを組める相手に、3年だけで勝負しなければならない都立高は厳しい状況に置かれるようになっていった」（予備校幹部）

小石川高の70代OBも60年代当時、中高一貫に比べ、相当な不利を感じていたという。

「現役合格するのもいたけれど、最初から浪人を前提で東大を目指している生徒も少なくなかった。以前なら現役で簡単に入れたのに、私立や国立の躍進で、合格のハードルもどんどん上がってきたんです。結局、4年かけて難関大学の合格を目指すというパターンが当たり前になっていました」

70年代以降、都立高は低迷の一途をたどった。転機が訪れたのは95年。東京都教育委員会が都立高の全面的な改革に乗り出すことを打ち出したのだ。議論が積み重ねられていく中で、中高一貫化構想が固められていった。都教育委員会の元職員は経緯を次のように明かす。

## かかる学費は私立の4分の1以下

「ゆとり教育が第一の目的として掲げられましたが、それは表向きにすぎない。このままでは都立高の大幅な削減が避けられないと、都教育委員会は危機感を強めていた。本当の狙いは大学受験にも強い都立高の復活。私立

の進学校に太刀打ちできるような中高一貫校をつくろうとしたのです」

05~10年、既存の都立高を再編する形で10校の都立中高一貫校（白鷗、桜修館、小石川、両国、立川国際、武蔵、富士、大泉、三鷹、南多摩）が設立された。

「おおむね、どこも予想以上の好結果を出しているので、関係者は一様に胸を撫で下ろしています。当初は、都立高が受験戦争を誘発するような状況は好ましくないという反対意見もあったのですが、今やそうした声はどこかに吹き飛んでしまいました」（都教育委員会・元職員）

かかる費用も私立の4分の1以下とあって、都立中高一貫校の人気はウナギのぼり。一番人気の小石川中等教育学校の偏差値（四谷大塚調べ）は男女とも67。これは筑波大附属の男子66（女子は70）を上回る数字だ。あまり加熱しすぎて、文部科学省あたりから懸念の声が出るのではと、少し心配になってくる。

躍進校・注目校（公立）――県立千葉中学・高校

# 公立中高一貫で勝負の県立千葉中学・高校
# 渋幕逆転への課題と可能性

## 私立に対抗して中高一貫に踏み切った千葉県

「大学受験実績において渋幕の後塵を拝すようになって久しいが、近い将来、必ず県内トップの座を取り戻す日がくると信じている」と語るのは千葉県立千葉中学・高校（通称けんちば）の関係者だ。

渋幕とは1983年に開校した渋谷教育学園幕張。千葉高の前身である旧制千葉中の創立が1878年だから、その歴史は100年以上も開きがある。公立校が凋落していく中で実績を積み重ね、世紀が変わると、県トップの千葉高を一気に追い抜いた。

「02年に渋幕が千葉高を東大合格者数で初めて上回ったのですが、これは衝撃でした。なぜなら、千葉高は県内のエリートを一手に集める特別な存在だったからです。学校群制度の導入で東京、千葉、中部地方などの公立校が軒並み凋落を余儀なくされた70年代以降も、何とか踏ん張ってきた。そして、90年代前半には東大合格者数トップ10入りも3度果たしている。しかし、渋幕ら私立校の追い上げに抗するすべもなく、ず

るずると後退してしまったのです」（元千葉県教育委員会職員）
危機感を持った千葉県側が打ち出した手段は、けんちばを中高一貫にすることだった。08年4月、千葉高に併設する形で千葉中を開校した。
「前年、千葉市が市立稲毛高附属中を新設。遅れじと県も中高一貫に踏み切ったのです。表向きは私立中高一貫校に対抗するためではないと言っていますが、衆目一致するように、渋幕らを意識して巻き返しを図ったというのが本当のところです」（同）

## 教育王国のプライドと現実

千葉県は国内有数の教育王国。文部科学省が行った15年度の公立校英語教育実施状況調査では、中3の英語力で47都道府県中トップ、高3でも群馬に次いで2位だった。県は自身の教育システムに強いプライドを持っているだけに、「私立校に後れをとるなど許されない」（同）のだという。王国復活のカギが公立の中高一貫の導入というわけだが、「中途半端な感は否めない」（大手予備校幹部）との指摘もある。

「けんちばは中学定員が1学年80人で、高校からの募集は240人。一方、私立の中高一貫進学校を見ると、東京御三家のうち、麻布（定員300人）と武蔵（160人）は高校からの募集はなし。開成は中学で300人、高校で100人を募集する。また、渋幕は中学で280人、高校で55人。こうした進学校は中学の段階で、通常は高校での分野を先行して教えるので、余裕を持ったカリキュラムが組める。しかし、けんちばの場合は高校からの生徒のほうが圧倒的に多いので、そちらに合わせたカリキュラムを組むしかなく、先取り学習ができず、大学受験に向けてはどうしても間に合わなくなってしまうのです」（予備校幹部）

なお、開成と渋幕は高校から入学した生徒は1年間、別クラスで教え、2年生から中学からの内部進学生と合流する。対して、けんちばの場合は内部進学生と高校からの生徒を分けることはない。従って、中学でのカリキュラムは他の公立校とほぼ一緒である。

「私立の進学校のような先取り学習を導入しないのは、受験がすべてではないという県立としての矜持。とはいっても、中高一貫の利点を生かすべく、スパイラル方式（反復しながら理解

を深めていく学習法）なども取り入れ、それなりの成果を上げていきます」（前出・学校関係者）

## 現役合格率は上がっている

かつて、千葉高は「4年制高校」と揶揄されていた。難関の大学を目指すには現役では無理で、最初から1浪を前提に受験勉強に臨む必要があるという意味だ。しかし、中高一貫になってからの同校は現役合格率が上がっているという。ここ3年間の東大合格者数を見ると、17年18人（うち現役14人）、18年22人（14人）、19年19人（12人）、20年20人（14人）、21年19人（15人）。現役割合は約70％で、まずまずの数字を残している。中高一貫導入の成果のひとつと言えるかもしれない。

ただ、医学部となるとそういうわけにはいかない。19年に国公立大医学部および防衛医大に合格したのは23人。うち現役は9人で同約39％。医学部だけは「4年制」でないと、なかなか合格は難しいようだ。

どうしても進学実績にばかり目が向きがちだが、全人教育という意味でも、伝統校らしく、さまざまな工夫が随所に見られる。その一つが03年にスタートした「千葉高ノーベル賞」だ。

「けんちばの一番大事な校風の柱となっているのが〝自主自律の精神〟。その実践の場として、千葉高ノーベル賞があります。生徒一人ひとりが自分のテーマを自由に決め、高校1年から2年間かけて研究をまとめるのです」（学校関係者）

毎年夏休み明けに発表会が行われ、分野ごとにもっとも優れた作品に千葉高ノーベル賞が与えられるのだ。19年度の受賞作品は、人文科学分野「名探偵コナンについて考える—フィクション論の観点から—」、社会科学分野「住みやすい都市とは」、自然科学分野「どら焼きに合う飲み物は何か」、スポーツ・芸術分野「鳥獣戯画をよむ—平安時代の動物観と擬人化—」だった。「毎回、借り物ではないユニークな作品が集まる」（同）という。

「こうした試みをどんどん実行に移せるのがわが母校の強み」と称賛するのは70年前後に千葉高に在学したOB。その一方で、残念な部分もあると話す。

69年、大学紛争の波が高校にも押し寄せ、千葉高で4人の生徒（うち3人は他校）が図書館に立てこもるという事件が起きた。生徒会と当該の生徒たちの間で話し合いがもたれたが、そのさなかに機動隊が投入されてしまったのだ。県教育委員会の要請だった。

「学校の自治が完全に破壊された瞬間でした。生徒会の存在意義などなくなってしまったと感じた私たちは、解散することにしたんです。以来、千葉高には生徒会がない状態が続いている。潰した側の人間が言うべきことではないかもしれないが、あれか

ら半世紀がたった今こそ、そろそろ復活すべきではないのか。自主自律をうたう以上、生徒会がないのはやはりおかしい」（ＯＢ）

## 私立高無償化の余波

いくつもの課題を抱えるけんちばだが、もうひとつ懸念材料を挙げるとしたら、私立高無償化の動き。東京都では20年春から私立高の授業料の実質無償化をスタートさせた。小池百合子都知事は20年１月10日、その対象を世帯年収７６０万円未満から９１０万円未満に引き上げると表明し、実行に移した。そうした動きに呼応するように、都立高志望者も減少。定員割れを起こしている都立高も少なくない。

同様レベルの私立高無償化が千葉県でも実施されたら、県立の地盤沈下は必至。すでに、年収６４０万円未満世帯に対する無償化が始まっている。けんちばとしても、せっかくの中高一貫化を生かすべく、さらなる着想が必要だろう。

# 東大合格者数復活に尽力した日比谷高校3人の立役者

## 「学校群制度」導入によって転落

「一中、一高、帝大」とは、戦前のエリートコースの代名詞。帝大（東京帝国大）は現在の東大、一高（第一高等学校）は東大教養学部前期課程、そして一中（東京府立第一中学）が都立日比谷高校（東京・永田町）である。

一中はいわば、日本のエスタブリッシュメントへの入口だったわけだが、それは戦後に日比谷高となっても変わらなかった。1965年までずっと東大合格者数トップ。64年には192人もの合格者を東大に送り込んだ。この記録は12年に開成高が203人という驚異の数字を叩き出すまで半世紀近く抜かれることはなかった。

66年、都立西高にトップの座を明け渡したが翌年再び返

り咲き、日比谷高の天下は当分続くかと思われた。だが、まもなく凋落が始まる。その原因は「日比谷つぶし」とも言われた67年からの都立高の学校群制度導入である。学区内に2〜4校の群をつくり、合格者をそのグループ各校で振り分けるという方式だ。都立高の格差をなくし、加熱する受験戦争を緩和するのが狙いだった。日比谷高は九段高と三田高と同じ群になった。

「日比谷を目指してせっかく合格したのに、九段や三田に振り分けられ、それを蹴って私立に行った同級生が少なくなかった」と振り返るのは、学校群制度導入3期目に日比谷高に入学したOB。

「でも、一気に名門校の座から転落するようなことはなく、生徒の側もみんな、日比谷高生だという気概を持っていた。僕は劣等生だったけど、優秀なヤツはまだ多かったんです」

学校群制度下で最初の卒業生が出た70年の東大合格者は99人で5位。このOBが卒業した72年はベスト10からは外れたものの、なんとか50人台は保っていた。しかし、その翌年は30人を切り、以降浮上することはなかった。82年には学校群制度が廃止されたが、日比谷高の低迷は続き、90年代に入ると一桁で推移。93年には東大合格者わずか1人という、かつての絶対王者の面影がどこにもない状況まで追い込まれた。

## 日比谷高校復活の立役者

「東大合格者数だけでその学校のレベルが計れるものではありませんが、傍目からはもっともわかりやすい進学校のバロメーター。その数が落ちてくれば、実力のある受験生は敬遠するようになり、ますます低迷するという悪循環におちいるのです」（大手学習塾・高校受験担当）

進学校としては完全に忘れ去られた存在だった日比谷高だが、21世紀に入ると異変が起こる。05年、東大合格者が前年の3人から14人に躍進したのだ。その後、二桁を割ることはなく、10年37人、16年には53人（11位）を記録。

日比谷高校復活の立役者となった石原慎太郎元都知事

18年には48年ぶりにベスト10入り（48人・9位タイ）を果たした。ランク入りした他の10校（9位に3校）は私立もしくは国立の中高一貫校。3年制の公立校が名を列ねたのは93年の県立千葉高（9位）以来だ。が、その千葉高も新設された中高一貫私立校の渋谷教育学園幕張に県内トップの座を奪われ、08年に中学を併設。中高一貫公立校として巻き返しを図っている。

「日比谷復活の立役者は良くも悪くも、99年から13年半にわたって都知事を務めた石原慎太郎氏、長澤直臣・第25代校長（01〜09年）、武内彰・第27代校長（12年〜）の3人」と話すのは日比谷高関係者。

都知事に就任した石原がまず掲げたのは「都立高改革」。01年に「進学指導重点校」を設け、その第1号として日比谷、西、戸山、八王子東の4校を指定した。さらに03年には学区制を全面撤廃。都内に住んでいれば、どの都立高でも受験できるようにしたのだ。当時をよく知る都の元職員は次のように話す。

## 学区制の全面撤廃で競争原理が働いた

「学校間の格差をなくすというそれまでの方向性とは正反対に、石原さんは競争原理を持ち込んで、都立高の底上げを図ったのです。そこで振り落とされる学校があっても、それはそれで仕方がない。弱肉強食によって、強い都立高をつくるというのが石原さんの考えでした。それを実現するために、校長に強い権限を与えたのです」

そうして日比谷高の校長に抜擢されたのが、都立高の教員生活を経て、都立教育研究所統括指導主事や都教育庁学務部副参事を歴任した長澤だった。

「教員時代は、都立高の従来のやり方に固執して変化を望まない多くの教員たちとぶつかり、対決してきた人物です。行政の分野に転身してからは、日比谷高に自校作成問題による独自入試を導入させるなど、入試制度改革に取り組んできた。それらの功績に加え、教員に対して妥協を許さない姿勢が石原さんの方針に合致し、日比谷の校長に就くことになったのです」（都元職員）

だが、長澤の校長就任は大きなあつれきを生むことにもなった。長澤は自身の方針に合わない教員に日比谷高からの異動を促し、当時始まった都の教員公募制度を使い、大幅に職員を入れ替えたのだ。

「学校内外の反発も大きかったのですが、長澤校長は有無を言わせない形で、自身の方針を押し通した。それはまさにファシズムだった。〝都教育庁の回し者〟とか〝石原都知事の手先〟と憎悪を込めて呼ぶ者も少なくなかったのです」と日比谷高関係者は述懐する。

## 授業の効率化で東大合格者が増加

だが、そうした声をかき消したのは、東大合格者数の増加だった。前述したように、進学校のもっともわかりやすいバロメーターであり、マスコミも好意的に取り上げた。

「予備校講師のように大学入試に直結する教え方のできる教員の採用。さらには2学期制や1コマ45分7時限の導入によって授業の効率化を図り、補習や講習にも力を入れるようにした。この受験偏重型の長澤改革を踏襲したのが次の次の校長に就任した武内さんです。長澤さんに比べ、幾分ソフトな人柄ながら、結局は自分の思い通りにするという点では変わらなかった」（日比谷高関係者）

東大入学者数の推移を見れば、長澤・武内改革が功を奏したのは明らかだが、ＯＢ・ＯＧの間では危惧する声も上がっている。日比谷高の同窓会組織「如蘭会」に所属する会員の一人はこう話す。

「東大合格者が増えているのは喜ばしいが、最近の日比谷を見ていると良き伝統が失われている気がする。僕らが一番大事にしてきたのは〝自主自律の精神〟。今の生徒たちにあるのかと考えると、首を傾げざるをえない」

この如蘭会会員は、長澤や武内といった校長たちが生徒をコントロールしすぎてきたと苦言を呈する。

「以前は日比谷高出身者が校長に就くことが多かったが、２人はいずれもＯＢではなく、我が校の校風をまったくわかっていない。生徒たち自身が自由闊達に振る舞い、学校をつくっていく考えでなければ、日比谷が日比谷でなくなってしまう」（同）

学校経営側のよりどころとなっている東大合格者についても、ここにきてやや陰りが見える。現役割合は17年73・３％、18年68・８％、19年61・７％、20年62・５％――。ただ、21年は63人（９位）で３年ぶりにトップ10入りし、現役割合も76・２％と高かった。これが継続できるかどうか、まさに正念場である。

# 「少なくとも三兎を追え！」県立浦和高校が実践するバンカラ教育

## 安定した実績で「埼玉一」の座を維持

私立や国立はもとより、公立でも中高一貫校が幅を利かす大学受験戦線。3年制高校が圧倒的に不利な環境に置かれる中で、奮闘している公立校がある。首都圏で目立った実績を上げているのは、2018年に48年ぶりに東大合格者数トップ10に返り咲いた都立日比谷高校、21年に東大合格者数が前年からほぼ倍増の50人（11位）に躍進した神奈川県立横浜翠嵐高校、そして埼玉県立浦和高校、通称「浦高」である。1895年に開校した県を代表する伝統校だ。「50年代、さらには70年代半ばから80年代半ばにかけて東大合格者数トップ10の常連でした。以降はそこまでの爆発力はないものの、安定した実績を残していて、『埼玉一』

の名門の座を維持している。6年間じっくり対策がとれる中高一貫校に、互角以上の成果を出し続けているのは、さすがというほかありません」（大手予備校スタッフ）

## 栄東に東大合格者数で抜かれ…

埼玉県で絶対王者としての位置を占めていたはずの浦高だが、実は一度、その座を明け渡している。16年のことだ。同じさいたま市にある私立中高一貫校の栄東に東大合格者数で抜かれたのである。栄東の27人に対し、浦高は22人。翌年すぐに巻き返し、32人と県内トップの座を奪還。18年22人、19年41人、20年33人と県内トップを守っている。21年は46人で全国15位だった。

「栄東に抜かれたこと自体はそれほど深刻には思わなかったのですが、16年の東大合格者22人のうち、現役がわずか4人しかいなかったのはショックでした」

学校関係者はこう振り返るが、16年ほどではないにしても、例年、浪人する生徒が多いのも浦高の特徴のひとつ。中高一貫校と比べて、現役合格率が低いのは致し方ない面はあるものの、3年制の進学校の中でも決して高いほうではない。日比谷高と比較すると、それがよくわかる。

21年の東大合格者46人のうち、現役は25人。日比谷は63人中48人だ。国公立大医学部への合格者は15人。そのうち現役は4人しかいない。一方、日比谷は37人の合格者を出し、うち23人が現役だ。

「受験だけに必死になっている姿は見せたくないのが浦高生気質。生徒の多くは浪人を恥ずかしいとは思っていない」と話すのは40代のＯＢ。２浪して国立大の医学部に入り、現在は都内の病院に勤務している。医師といえば、明仁上皇の心臓手術で執刀した順天堂医院前院長の天野篤氏も浦高の出身。在学中から麻雀に熱中し、３浪して日大医学部に入学した。

## 「尚文昌武」の校訓を宇宙に掲げた若田光一さん

浦高の校訓は「尚文昌武《しょうぶんしょうぶ》」。戦前の旧制中学時代から掲げられてきたもので、第２代校長・藤井宣正氏の造語。意味は文武両道と同じである。浦高出身の宇宙飛行士・若田光一氏は09年、尚文昌武と書かれた旗を宇宙に携行。国際宇宙ステーションに滞在した際、この旗を高らかに掲げ、話題になった。

宇宙飛行士・若田光一さんは浦高の校訓を書いた旗を宇宙に携行

校訓を体現するように、かつてはサッカーの強豪校としても鳴らした。52年、54年、55年と、全国高校サッカー選手権で３度の優勝を果たした。ラグビーも３度、全国大会に出場。19年にはベスト16に進出している。

まさに尚文昌武を実践しているわけだが、それをさらに発展させた裏校訓ともいうべき言葉が浦高にはある。「少なくとも三兎を追え」というもの。勉強と部活、そして学校行事にも全力投球せよというのだ。「とにかく、浦高にはやたらと行事が多いんです。1年中、何かやっている。僕らがいた頃も今も、あまり変わらない」と40代OBは話す。

新年度が始まって1カ月後の5月には新入生歓迎マラソン、サッカー大会、将棋大会と立て続けにイベントが開かれる。6月に体育祭。7月は百人一首大会、バレーボール大会、ソフトボール大会、卓球大会、臨海学校（1年生）。以降も毎月、ぎっしりと行事が組まれているのである。よほどのことがないかぎり、雨天でも決行する。

## 50・2キロメートルを7時間で走破する「強歩大会」

こうした学校行事の中で最大のイベントは毎年11月に開催される「強歩大会」。浦高から茨城県古河市まで、フルマラソンより10キロ長い50・2キロメートルを走破するのである。強歩といっても、速めに歩いたくらいではゴールできない。7時間という制限時間が設けられているからだ。ジョギング程度の速さをずっと維持しなければならず、かなりハード。生徒たちは「古河マラ」（古河マラソンの略）と呼んでいる。

この強歩大会が始まったのは１９５９年。以来、一度も休むことなく続けられ、2020年11月1日には第62回大会が開かれた。

「コロナ禍の中で危ぶまれたのですが、ここで途切れさせるわけにはいかないと、浦高に関わる人たちや地域の人たちが積極的に協力してくれた。特に大きかったのは、数百人に及ぶ保護者による全面的なサポート。そうした尽力もあって、コロナ対策も万全な体制をとることができ、開催に漕ぎ着けたんです。完歩率は70％台前半と、例年より低かったものの、これまでの中でも、とりわけ印象に残る大会になりました」（学校関係者）

勉強、部活、行事と三兎を追う教育方針は、受験にどう影響を及ぼすのだろうか。さすがに「プラスになる」とは言いづらい。受験対策に割く時間が少なくなるのは明らかだからだ。

「陸上の部活もしっかりやっていたので、本当に大変でしたね。夕方6時に部活が終わると、学校の教室に残って、9時まで自習するんです。そして朝も7時前には学校に来て、授業が始まるまで自習。僕だけでなく、多くの生徒がこのパターンでした。ただ、3年の途中でやっぱり、これでは実力が足りないだろうなと浪人を覚悟。2浪したのは大誤算でしたが」

医学部に進んだ前出の40代ＯＢはこう笑うが、後悔はまったくないという。

「二兎を追う者は一兎も得ずと言いますが、三兎ならなんとなくできてしまう。疑問に思って立ち止まるヒマもないので、がむしゃらに目の前のことをやっていくしかないんです。この時代があったおかげで、楽なほうに逃げることもなくなった。苦痛を苦痛とも思わなくなっているので、仕事でプレッシャーを感じた経験もありません」

## 佐藤優氏が語る母校愛

三兎を追う教育は、ユニークな人材も数多く輩出している。前出の天野篤氏や若田光一氏などはその筆頭格だろう。もうひとり忘れてはならないのは、かつて「外務省のラスプーチン」と呼ばれた佐藤優氏。鈴木宗男事件で有罪となり外務省を失職したが、その後は作家になり、論客として活躍している。母校への思いは非常に強いようで、「埼玉県立浦和高校　人生力を伸ばす浦高の極意」（講談社現代新書）という著書を執筆。その中で「社会に出て何度かピンチに陥るたびに、私は浦高で培った『力』に助けられた」と語っている。大学受験に重きを置いた中高一貫校が全盛の時代だけに、どこかバンカラの雰囲気を残す浦高の校風が新鮮に映る。

作家の佐藤優さんも浦高出身を誇りにしている

# 横浜翠嵐高が東大受験で大躍進「3年間」で勝利に導く秘訣

## 初の東大合格者数トップ10入り!?

「翠嵐《すいらん》同窓生として、こんなうれしいことはなかった。ただ、それは残念ながら、ぬか喜びだった」

こう苦笑するのは、神奈川県立高校の名門・横浜翠嵐高校（横浜市神奈川区）の60代ＯＢ。

かつての同級生から「サンデー毎日を見てみろ」と電話がかかってきたのは２０２１年３月12日朝のことだった。「翠嵐が東大合格者数トップ10に入っているぞ」というのである。

このＯＢはすぐに近くのコンビニに行き、「サンデー毎日」の最新号を開いた。開成、灘、麻布……と並ぶ中、同級生が言った通り、10番目に横浜翠嵐49人と出ていた。念のた

第一章　中高一貫校、本当の実力
第二章　小学校・幼稚園から入れたい名門校
第三章　受験戦線に向けた最新データ

め、同日発売された「週刊朝日」も確認。やはり、結果は同じである。横浜翠嵐（全日制1学年約350人、男子と女子の割合およそ2：1）にとって、トップ10入りは初の快挙。OBは胸の鼓動が高まるのを感じ、急いで両誌を購入した。だが――。

## 中高一貫校以外が上位に入るのは至難のわざ

「サンデー毎日の次の号も購入。その余韻に浸ろうという気持ちだったのですが、ページを開いてビックリ。横浜翠嵐の合格者数は1人増えて50人になっていたものの、順位は11位に下がっていた。インターネットでも調べましたが、結果は変わらない。がっかりしました」

最初の速報は決定版ではない。毎年、東大合格者数をウォッチしている者なら周知のことだろうが、速報は判明分だけが載っていて、後から修正が加えられていく。だが、そうした事実を知らなくても、記事を見たら違和感を覚えるはず。トップ10から常連の1校が抜け落ちているからだ。

その1校とは、筑波大附属駒場。63年以降ずっとトップ10入りを続け、14年からは7年連続で2位の位置を維持していた。なお、21年は3位だった。

「サンデー毎日も週刊朝日も同じニュースソースを使っているのですが、筑駒は学校側の発表が遅く、判明するのが他校より数日、年によっては2週間程度、遅れるのです」と大手予備校幹部は解説する。さらに、こう続ける。

「いずれにしても、21年の最大の話題は横浜翠嵐でしょう。東大合格者数トップ15に入ったのは、日比谷（9位）、横浜翠嵐、県立浦和（15位）を除けば、すべて中高一貫校。6年という時間がある一貫校に比べ、厳しい受験戦線を3年間だけで勝負しなければならない学校は明らかに不利で、上位に食い込むのは至難のわざなのです」

3校の公立校の中で、今回、横浜翠嵐が特に注目を集めているのはなぜなのか。

「18年に48年ぶりにトップ10入りを果たした日比谷はその当時、すでに話題をさらいましたし、70年代中頃から80年代前半にかけてトップ10の常連だった県立浦和はその後、10位までには入れなくても上位を守っている。したがって、この2校の順位に関しては驚きはない。一方、横浜翠嵐は大躍進するまでに、もう少し時間がかかると見られていた。惜しくもトップ10入りは逃しながらも、50人の大台に乗ったニュースは新鮮だったのです」

## 合格者数の増加は全国トップ

横浜翠嵐の東大合格者数は昨年から24人増えている。その増加数は全国でトップだ。東大だけでなく、有名大学にもまんべんなく合格者を出している。東工大13人、一橋大12人、さらに医学部にも29人（うち国公立18人）が合格。早慶上智の合格者数は4

21人に及ぶ。

「今年、好調なのは確かですが、ぽっと出の新顔と思われるのは心外」と話すのは学校関係者。

「17年には東大合格者34人を出していますし、急に躍進したというわけではありません。徐々に上昇して、ここにきて実を結んだのです」

ただし、かつて在学していた人間からすると、現在の姿は信じられないらしい。70年代前半に在学していた前出のOBは高校時代を次のように振り返る。

「大半の生徒が大学に進む時代でしたが、およそのんびりしたもので、受験勉強に励むよりも、スポーツや趣味にいそしんでいた。最初から浪人するつもりで臨んでいた生徒も少なくなかったんです」

## 05年の学区制廃止で入試難易度をアップ

現在、神奈川県立高校の人気ナンバーワンはこの横浜翠嵐だが、70年代に圧倒的な人気を誇っていたのは湘南高。東大合格者数トップ10の常連だった。ところが、80年代に入ると、湘南の先行きに陰りが差し始める。それまで9学区だった学区制を81年に16学区（90年〜18学区）に細分化。優秀な生徒を集めにくくなったのである。中高一貫校を選ぶ生徒も多くなった。

流れが変わったのは05年。神奈川県で学区制が廃止されたのだ。そこで勝負を賭けたのが横浜翠嵐だった。全県から生徒を集められるようになったのをチャンスと捉え、意識的に高校入試のハードルを高くした。数学、英語、国語の3教科で、独自の問題を出題するようにしたのである。

「入試の難易度を上げるだけで、優秀な生徒が集められるわけではありません。なんといっても、大切なのは実績。それを積み重ねていけば、さらに優秀な生徒が集まるという好循環が生まれる。そのためにも、授業の質を向上させ、大学入試で結果を出していく必要があったのです」（学校関係者）

大学受験に特化した高校というと聞こえは悪いが、生徒にとっては、横浜翠嵐に入ることがゴールではないのだ。

## 中高一貫校と勝負するための学習目標

「ところが、横浜翠嵐に合格した時点で達成感を得て、気が緩んでしまうパターンが少なくない。それでは中高一貫校とはとても勝負にならない。そうならないために、入学直後から勉強漬けの日々に慣れてもらうのです。宿題の量も多いですし、試験も年に何回も行います」（同）

数年前に横浜翠嵐を卒業したＯＢは、「活を入れられたのは入学前からだった」と証言する。

「今も配っているかどうかわかりませんが、『進路実現に向けた本校の学習について』というプリントを入学前の3月に渡されました。そこには『本校には〝覚悟〟をもって入学してきてください』と書かれ、家での勉強の時間まで指示されていたのです」

そのプリントの「日常の学習について」という項目では、「家庭での学習は平日（2＋学年）h、休日（4＋学年）hを必ず実行してください」と記されている。「1年生は自宅で平日は3時間、休日は5時間、勉強しなさい」という意味である。

毎年、継続的にこれを配っているのかどうかは確認できていないが、横浜翠嵐の大学受験に特化した姿勢がうかがわれる。ただ、あまり行きすぎるのも怖いという声も出始めている。

「湘南を抜かし、神奈川県の公立高校でナンバーワンになったのは素直にうれしい。でも、今の横浜翠嵐は予備校とどこが違うのか。大平凡主義（平凡であることを大切にする）を掲げ、自主性と自由を尊重してきた翠嵐の校風がどんどん失われているような気がしてならない」（50代ＯＢ）

神奈川県のみならず、「全国の公立高校のトップになる日も近い」（予備校幹部）とも言われる横浜翠嵐。このまま、ブレーキも踏まずに突っ走っていくのだろうか。

# 第二章　小学校・幼稚園から入れたい名門校

# 慶應幼稚舎の教育を国内最高峰と勘違いする生徒たち

## 2000万円問題でお騒がせの副総裁の弟も

「お受験」（小学校受験）といえば、真っ先に名前が挙がるのが慶應義塾幼稚舎。まぎれもなく、人気ナンバーワンの名門小学校だ。その魅力は慶應大までエスカレーター式に上がれることばかりではない。セレブ家庭の子弟が集まっているだけに、将来につながる人脈がここでつくられるのだ。それは、幼稚舎出身者の財界での活躍ぶりを見ても一目瞭然。

たとえば、麻生セメント会長の麻生泰。政界のお騒がせ男、麻生太郎自由民主党副総裁の6歳下の実弟である。太郎が初等科（小学校）3年の時から大学（政治経済学部）まで学習院なのに対し、こちらは幼稚舎から中学、高校、大学（法学部）までずっと慶應だ。

この麻生泰について、「リーダーシップの取れる人物」と話すのは後輩の幼稚舎ＯＢ。

事実、２０１３年から8年間九州経済連合会の会長を務め、現在は同名誉会長に就任。

今や「九州財界のドン的存在」（地元紙デスク）と評価も高い。

九経連の会長職は半世紀以上、九州電力の歴代会長が務めてきたが、それ以外で同ポストに就いたのは麻生が初めて。その人脈の広さを買われてのものだった。「老後2000万円問題」など、失言を繰り返し、人望をどんどんなくす兄とはエライ違いである。

麻生泰にとって、リーダーとしての資質を磨くとともに、人脈形成でも役に立ったアイテムはラグビーだ。英国のオックスフォード大やケンブリッジ大のラグビー部OBたちは強固な横のつながりを持ち、ビジネス界でも活躍。日本でこれらの名門校に匹敵するのが慶應なのである。麻生は慶應高校時代に国体2連覇、慶應大では大学選手権優勝も経験している。その出発点は幼稚舎だ。

## 「幼稚舎のプリンス」と呼ばれる財界人

幼稚舎では、5年生になるとクラブ活動を始めることが義務づけられている。伝統的に男子生徒に人気があるのがラグビー部なのである。小学生に激しいラグビーは早すぎる気もするが、将来の人脈づくりにプラスになることが知られているので、特に会社を経営する父兄が子息に入部を勧めるケースが多いのだという。

幼稚舎ラグビー部出身の財界人を挙げだしたらキリがない。ラグビー日本代表にも選出されたゴールドマン・サックス証券（日本法人）社長の持田昌典、同じく元日本代表の自動車部品メーカー大手ミクニの社長・生田久貴……。

「幼稚舎のプリンス」と呼ばれる玉塚元一ロッテホールディングス社長

そうした中で「幼稚舎のプリンス」という敬称をつけられているのがファーストリテイリング（ユニクロ）、ロッテリア、ローソンなどでトップを歴任したプロ経営者・玉塚元一（現ロッテホールディングス社長）だ。慶應大4年の時にはキャプテンを務め、大学選手権準優勝。決勝では平尾誠二を擁する同志社大に惜敗した。

「ラグビー選手としてのたくましさを持ちながらも、どこか育ちの良さがにじみ出ている。そうしたところがビジネスの世界に飛び込んでからも、持てはやされているのでしょう」

こう話す幼稚舎時代の同級生は、玉塚を「幼稚舎出身らしいエグゼクティブ要素をすべて持ち合わせた人物」と評する。もともと、証券会社の創業家に生まれた御曹司だが、子どもの頃に会社は消滅。その品格は家柄よりも、幼稚舎で培われたものだ。

幼稚舎教育が目指すのは、世界に通用する国際人を育て上げること。そのために、147年前に同校が創立されるとすぐに、英語の授業を取り入れている。しかも、1年生の時から英語に親しむカリキュラムが組まれているのだ。

## K、E、I、O…4クラスで開業医の子弟が多いのは？

1学年はK、E、I、Oの4クラス。生徒の特性や今後の進路を考えてクラス分けがされている。K組はオーナー経営者の子弟が多く、将来のビジネス上の人脈づくりに役立ててもらおうという意図がある。E組とI組は、それほどカラーがあるわけではなく、ごく一般的な父兄（といっても裕福な家庭が多いが）の子弟。O組は開業医の子弟が多く、将来の医学部入試を考え、スパルタ式の詰め込み教育が行われる。幼稚舎関係者は、次のように説明する。

「各生徒の適性を考えた上で、その子に一番合った最高の教育を受けさせるという考えです。『6年間担任持ち上がり制』を採用し、クラス替えはなく、担任もずっと一緒。生徒と教員の密な関係を築き、かゆいところにも手が届く教育をしているのです」

未来のエグゼクティブをつくるための教育だと、この関係者は強調する。それは授業だけではない。「給食でも、一流の味を知ってもらうようにしている」(同)という。幼稚舎の給食の調理を担当しているのは、国内ホテルの御三家に数えられるホテルニューオータニ。給食費は1食当たり約450円で、公立校の倍以上だ。

## 自分が特権階級だと勘違いする生徒も

だが、こうしたやり方の弊害もある。「中には、自身が〝特権階級〟だと勘違いする生徒も出てくる」(幼稚舎OB)というのだ。そうした生徒がそのまま社会人になったら悲劇だ。

幼稚舎出身でテレビ局に勤めるみのもんたの次男が窃盗未遂容疑で逮捕されたのは、2013年9月のことだった。路上で酔って寝ていた男性のキャッシュカードを抜き取り、コンビニのATMで現金を引き出そうとしたもの。甘やかし放題に育てた父としての責任はあるとはいえ、この事件のせいで、みのもんたはテレビのレギュラーの大半を失うことになってしまった。

OBの犯罪はそれだけではない。18年1月にはラッパーのUZIが自宅に乾燥大麻600グラムを所持していた疑いで逮捕され、懲役3年(執行猶予5年)の判決を受けた。幼稚舎時代はロールスロイスで送り迎えされていたという。同年9月には幼稚舎出身の慶應大現役生がやはり大麻所持で逮捕されている。

「国内最高峰の小学校」と評される幼稚舎だが、至るところに落とし穴はあるようだ。

小学校から入学編――早稲田実業学校初等部

# セレブママたちが嫌がる「都落ち」感で遠のく慶應の背中

## 立地面で人気が伸び悩む

「早稲田実業初等部（小学校）が人気面で伸び悩んでいる理由は立地面だけではない。初動の失敗を今も引きずっている」と話すのは早稲田大の文系教授。初等部の創設やその後の動きについて内情をよく知る人物だ。

中等部と高等部を擁する早大の系属校・早実が創立100周年事業として、キャンパスを東京・早稲田鶴巻町から国分寺市に移したのは2001年。翌年には早大の附属・系属校では初めて男子校から男女共学に移行。併せて初等部を開設した。

「慶應幼稚舎を意識しているのは言うまでもありません。百数十年の歴史を持つ幼稚舎を追い越すといったらおこが

ましいですが、ライバルくらいにはなれると信じていた。ところが、差は開く一方だったのです」と前出の早大教授は嘆息する。

「名門小学校を目指す父兄、特にお母さま方からは場所が理由で敬遠されている」と解説するのは、学習塾で小学校受験を担当する進路相談スタッフだ。

人気校の所在地を見ると、慶應幼稚舎の電車の最寄駅は広尾、青山学院初等部が渋谷か表参道、学習院初等科が四ツ谷と、都内でも有数のおしゃれスポットにある。

一方、早実初等部は23区外の国分寺駅。新宿駅から中央線特快で約20分、各停では約30分と、都心から決して遠いわけではないのだが、「セレブママたちにとっては都落ちした気分になってしまうのです」（前出の進路相談スタッフ）という。

## 寄付金問題で父兄の厳しい目も

問題は立地だけではない。前出の早大教授が「初動の失敗」と指摘するように、最初の段階で信頼をおとしめる大きなミスを犯しているのだ。寄付金問題である。

初年度の02年度入試（01年11月実施）の募集要項には「1口10万円で5口以上の寄付をお願いします」と記載されていた。ところが、2次試験の面接の際、同伴の保護者全員に募集要項の金額をはるかに上回る300万円の寄付を要請したのだ。一応、任意とはいっても、合格が決まる前の提示である。父兄側は寄付金の納入が入学条件のように受け取った。

「このやり方を決めたのは、当時の早大総長で早実の理事長も兼任していた奥島孝康さん。国分寺移転や初等部開設を主導した中心人物です。初等部を設立するにあたって借り入れた25億円を、今後10年間のうちに父兄からの寄付だけで返そうというのです。一律に300万円の寄付を募るというのはあまりにも高額すぎるのでは、という声も出た。でも、奥島さんは『入学を目指す家庭の多くは〝お受験〟の準備のために何百万円もかけている。決して高くはない』と押し切ったんです」（前出の早大教授）

奥島は自ら初等部の2次試験の面接に臨み、父兄らに寄付を要請したという。02年まで8年間、早大総長を務めた奥島はその後、日本高等学校野球連盟会長、ボーイスカウト日本連盟理事長、白鴎大学長などを歴任。いわば、教育界のドン的存在だ。

翌年度には、寄付額が1人300万円では借入金返済が追いつかないと、350万円に増額。早実初等部が寄付金を半ば強制に近い形で集めていることが、私学助成金を出している東京都にも知られるところとなった。

都は同校が合格発表前に寄付を要請している点と、高額であることを問題視。学校側に改めるように通達を出した。ところが、同校はその翌年度も2次試験の面接で350万円の寄付を募ったのである。

「当然ながら、都は激怒。私学助成金の2割に当たる約1億2000万円の返還を求めてきた。都や文部科学省からにらまれるようになったばかりか、父兄からも学校の拝金主義に対し、厳しい目が向けられるようになった。有名私立小学校の多くは何らかの形で寄付金を集めていますが、350万円という額はべらぼうに高い。早稲田は初等部を金儲けの道具としか考えていないのではないかと不信感を持たれるようになってしまったんです」（前出の早大教授）

## 清宮フィーバーでも浮上せず

この一件を境に、早実初等部は大っぴらに多額の寄付を求める行為を控えるようになったが、なかなか人気は回復しなかった。ひとつの転機になりそうだったのが15年。初等部から早実に入った清宮幸太郎（現日本ハム）が高校野球夏の大会で高等部1年ながら主軸として活躍。チームをベスト4に導き、大フィーバーを起こした時だ。

「これで早実初等部の人気もV字回復すると期待したのですが……」と振り返るのは、早大の同窓会組織「稲門会」の関係者。自身は高等部から、子息も初等部から早実に入学させたというだけあって、その動向は非常に気になるという。

「高等部に上がるまで清宮君が野球をしていたのは、リトルリーグやリトルシニアですからね。目覚ましい結果を残しているものの、初等部の生徒として注目されることは一切なかったんです。甲子園での活躍時も、初等部にまで目を向けられることは、残念ながらほとんどありませんでした」

　慶應幼稚舎に追いつけ追い越せどころか、なかなか浮上のきっかけを得られない早実初等部。ただ、ひとつだけ救いがあるとしたら、この稲門関係者のように、同校を支えたいと考える一定の層が存在するということだ。ワセダ愛に満ちあふれている早大ＯＢ・ＯＧたちである。

「早稲田というと、母校に無関心な人が多いと思われがちですが、それは昔の話。最近は母校への愛着を示す卒業生が増えている。ましてや、慶應に負けているなどと言おうものなら、目の色が変わってくるんです」（稲門会関係者）

　清宮幸太郎の父・克幸は早大ラグビー部で選手として日本選手権や全国大学選手権で優勝。監督としても早大を全国大学選手権優勝に導き、人一倍ワセダ愛が強い。自分の子どもを早実初等部に入れたいと思うのは自然の流れだった。

　早実初等部は早大系列の唯一の小学校。関係者や早大ＯＢ・ＯＧからかかる期待は大きいが、慶應の背中はなかなか見えそうにない。

初等部から早実に入った野球の清宮幸太郎選手

小学校から入学編――青山学院初等部

# セレブ子弟が集まる青学初等部に残る〝ボスママ戦争〟の後遺症

## 際立つ歌舞伎界のOBたち

大学までエスカレーター式に上がれる私立小学校の中で「御三家」と称されるのは慶應幼稚舎、学習院初等科、青山学院初等部。子どものお受験を目指す父兄の間で垂涎の的となっている名門だ。この3校の中でセレブ家庭の子弟がもっとも集まっているのが、東京・渋谷区の一等地のど真ん中にある青学初等部である。

韓国5大財閥のひとつロッテグループを創業した故・重光武雄の長男・宏之と二男・昭夫も初等部から大学までずっと青学育ち。年子の兄弟が幼いころ、ロッテはチューインガムで当て、日本国内有数の菓子メーカーにのし上がった。育った自宅も渋谷区の高級住宅地にお城のようにそび

える大豪邸だった。近年はグループの経営権を巡って激しい争いを繰り広げており、関係は最悪の状態に陥っている2人だが、当時は一緒に仲良く、青学初等部に通っていたという。

こうした超セレブが何人もこの名門小学校で学んできた。歌舞伎界にも青学初等部出身者は多い。特に格付けが上位の名家の子弟が目立つ。12代目市川團十郎と11代目市川海老蔵の親子。片岡孝太郎と片岡千之助の親子。5代目尾上菊之助と姉の女優・寺島しのぶ。本人は幼稚園から高校まで暁星学園、そして東大に進んだ香川照之（9代目市川中車）の長男・市川團子も青学初等部だ。ほかにも、6代目中村勘九郎、9代目中村福助、8代目市川染五郎など、挙げだしたらきりがない。

「初等部における代表的な歌舞伎一家といえば、やはり8代目中村芝翫さんのところでしょう」と話すのは、青学の同窓会組織「青山学院校友会」の関係者。ちなみに、この人物も青学初等部出身だ。

「かつて青学初等部に在学していた芝翫さんは、息子さんたち（橋之助、福之助、歌之助）を3人とも初等部に入れているんです。それだけ母校に対する愛着があるのでしょう。私自身もそうですが、初等部から入ったOB・OGは〝青学愛〟が非常に強いのです」（同）

## 篠原涼子、高嶋ちさ子、井川遥の子どもも

　青学初等部のセレブネットワークは歌舞伎界だけでなく、芸能界全体に広がっている。子どもを初等部に入れる俳優やミュージシャンは数えきれない。サザンオールスターズの桑田佳祐・原由子夫妻（本人たちは大学から青学）、2人の子ども（渡辺大、杏）を入れた渡辺謙、B'zの稲葉浩志と松本孝弘、江口洋介・森高千里夫妻、黒木瞳、本人も初等部OBの高橋克典、市村正親・篠原涼子元夫妻、高嶋ちさ子、井川遥……。

　そんな中、2000年代から10年代初頭にかけて、ネットワークの中心にいたのは中村芝翫夫人の三田寛子。花田光司（元横綱貴乃花）・河野景子元夫妻の長男で、お騒がせキャラの自称靴職人・花田優一は長男・橋之助の同級生。また、石井一久・木佐彩子の長男は三男・歌之助の同級生だ。当時、子どもを初等部に通わせていた父兄の一人がこう話す。

和気あいあいとしたママ友ネットワークをつくった三田寛子さん

「三田寛子さんは3人の子どもたちを青学初等部に送り出しただけあって、ママ友の中心的存在だった。といっても、他のママたちを支配するようなボスママとは違う。学校のこ

とで何か困っている保護者がいれば、自分の経験をもとにいろいろアドバイスしたり、手助けをする非常に面倒見のいい方でした」

三田は京都生まれの京都育ち。子どもが初等部に入るまで青学とは縁もゆかりもなかったが、保護者として学校に登場するようになってからは水を得た魚のようだった。同校の教育方針や雰囲気が彼女のおっとりとした性格にぴったり合っていたのだ。

## 見せかけではない真の〝ゆとり教育〟

「見せかけではない真の〝ゆとり教育〟が青学初等部にはあるのです」と話すのは、前出の校友会関係者。同校では40年ほど前にさまざまな改革を打ち出している。まず、「学校週5日制」の導入。子どもたちの忙しすぎる毎日を憂い、なるべく家庭での時間を大切にしてもらおうという試みだった。公立校が完全な5日制に踏み切ったのは17年前だから、青学初等部がほぼ四半世紀も早かったことになる。なお、大阪市の市立校では7年前から橋下徹市長（当時）の意向で土曜日の授業を再開している。

初等部の一連の改革では「ランドセル廃止」や「通知表廃止」なども盛り込まれた。学習用具は教室のロッカーに入れておくようにして、ランドセルの代わりに手作りの肩掛けカバンで通学。必要な時だけ、教科書やノートを自宅に持ち帰る。装いを身軽にして生徒の負担を減らしたのだ。

通知表をなくしたのは、テスト等の点数だけ見ても、細やかな対応はできないという考えから。日常的に生徒一人ひとりの成長をこまめに記録するようにした。学期末には生徒、保護者、担任の三者面談を行い、今後の課題を確認する。

「偏差値教育とは無縁の青学初等部と、自分の息子と他の同級生を比べたりしない三田寛子さんはまさにベストマッチ。自然と彼女のまわりには保護者たちが集まり、ママ友の輪ができていった。ところが、三田さんが学校に顔をあまり出さなくなる頃から、保護者同士の和気あいあいとしたムードはなくなっていくんです」（前出・父兄）

三男・歌之助が初等部を卒業するのは14年春だが、それよりもずいぶん前から三田は学校に来なくなっていた。芝翫の父（7代目芝翫）が11年10月に亡くなり、これを境に名跡襲名のための準備で忙しくなっていったからだ。そんな時、初等部内でボスママ争いが勃発した。江角マキコと長嶋一茂夫人の対決である。両家とも女児（長嶋家は双子）が11年度に初等部に入学した。

## ランドセルか肩掛けカバンかをめぐり…

「江角さんは肩掛けカバンは体のバランスを崩すからランドセルにすべきと父兄たちから署名を集め、学校側に直訴。だんだん周囲から煙たがられる存在になっていった。中でも、長嶋夫人を中心とするママ友グループから嫌われ、険悪な状態になっていっ

江角マキコさんと長嶋一茂さんの間で校則をめぐるバトルが繰り広げられた

たんです」（同）

　そうして起きたのが、12年末の「長嶋邸落書き事件」だった。江角のマネージャー（当時）が新築の長嶋邸の白い壁に「バカ」「アホ」などと赤いスプレーで落書き。その後、江角はブログでいじめ被害を受けていたことを告白したが、長嶋夫人一派のママ友たちから「江角こそがいじめ加害者」と女性週刊誌で猛反撃を受け撃沈。江角の長女はインターナショナルスクールに転校。江角自身も世間の主婦層から総スカンを食って仕事が激減し、芸能界引退を余儀なくされたのだった。

「結末があまりに後味が悪いものだったので、長嶋さんグループに対しても、白い目で見る保護者が少なくなかった」と前出・父兄は振り返る。

　この事件の後遺症は今も残り、保護者同士の親密な交流はすっかり減ってしまったという。

# 〝私立小御三家〟から転落しかねない…学習院初等科の危機

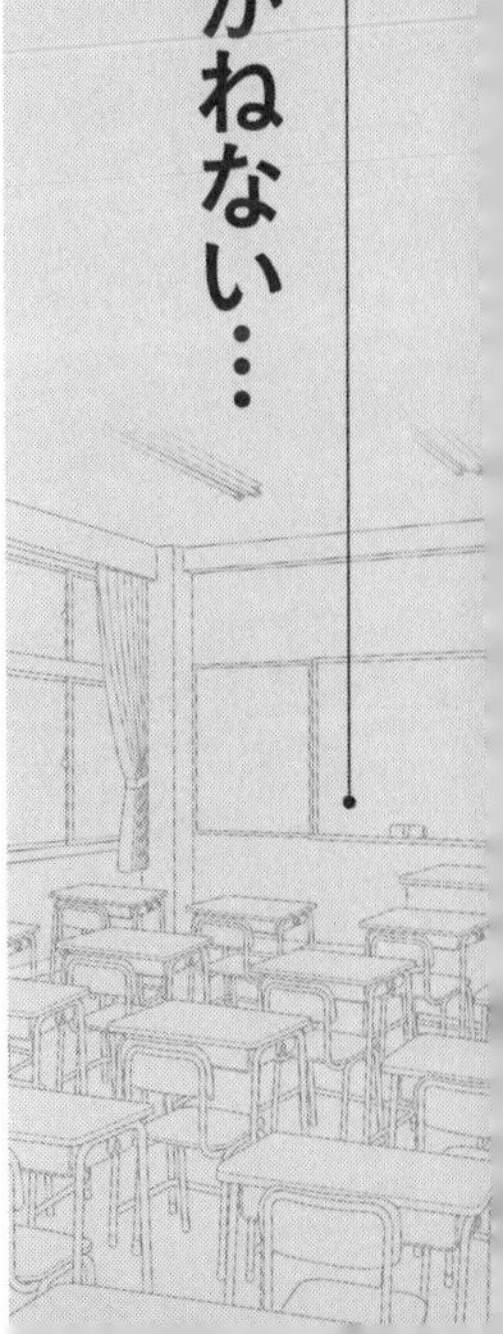

## 学習院を選択しなかった秋篠宮ご夫妻

「ここ10年の間に学校のステータスが一気に落ちた感じがする」と嘆くのは、初等科（小学校）から中・高、大学までずっと学習院ですごしたOB。慶應幼稚舎、青山学院初等部とともに「私立小御三家」に数えられる学習院初等科だが、近年の評判はあまりぱっとしない。その背景に大きく横たわるのは皇室関連の問題だ。

学習院は江戸時代末期に公家の子弟の教育を目的に設立され、数多くの皇族が学んできた。前天皇の明仁上皇、そして徳仁天皇と秋篠宮親王の兄弟も幼稚園から大学まで学習院に在学した。異変が起きたのは２０１０年春。秋篠宮さまの長男・悠仁さまがお茶の水女子大学附属幼稚園に入園したのである。

「悠仁さまが学習院幼稚園ではなく、お茶の水幼稚園に入られたのは秋篠宮さまと紀子さまの要望。２年保育の学習院より、３年保育のお茶の水に通わせたいというお気持ちが強かったそうです。ただ、小学校は学習院を選ばれると思っていたのですが……」

学習院関係者はこう振り返る。幼稚園はお茶の水でも、小学校からは学習院に来るだろうと予想していたのはそれなりの根拠があった。お茶の水幼稚園はお茶の水女子大キャンパス（東京・大塚）、学習院幼稚園は学習院大キャンパス（東京・目白）の中にあり、いずれも秋篠宮邸のある赤坂御用地からは歩いて通える距離ではない。車での送迎時間もさほど変わらず、秋篠宮ご夫妻が2年保育より3年保育と考えていたのなら、幼稚園はお茶の水という選択になるのもうなづける。

しかし、小学校となると、話は変わってくる。お茶の水女子大附属小は幼稚園と同様、お茶の水女子大キャンパス内。一方、学習院初等科は学習院大キャンパスではなく、迎賓館（最寄駅・四ツ谷）の真ん前にある。そし

て、迎賓館に隣接するのが赤坂御用地。つまり、秋篠宮邸から学習院初等科には徒歩数分で通えるのである。

## 徒歩数分なのに通わなかった悠仁さま

悠仁さまが小学校からは学習院に来られるものと、関係者が考えるのも無理はなかったが、その期待は見事に裏切られてしまう。悠仁さまはそのままお茶の水女子大附属小に内部進学。戦後の皇室で学習院初等科に入らなかったのは初めてである。現在、悠仁さまはお茶の水女子大附属中に在学している。

秋篠宮家では悠仁さまだけでなく、長女・眞子さんは学習院女子高から国際基督教大、次女・佳子さまは学習院大を中退し国際基督教大に進んだ。皇室の「学習院離れ」が顕著になる中、初等科の人気凋落に追い討ちをかけたのが、徳仁天皇の長女・愛子さまの不登校問題が表面化したことだった。一部の男子生徒の乱暴な振る舞いで学校に行けなくなってしまったのだ。雅子妃や皇太子時代の徳仁天皇による登下校の付き添いや授業参観は1年半以上にも及んだ。

「学校側の対応の拙さもあって、問題がずるずると長引き、初等科入学を目指していた父兄から敬遠されてしまった。愛子さまの不登校が伝わった11年度の入試（10年11月実施）では入学を辞退する合格者が相次ぎ、すでに発表していた補欠者だけでは定員をカバーできない事態に追い込まれた。翌年度以降もなかなか人気が回復することはなかったのです」と話す学習院関係者は「御三家から転落する日も遠くない」と悲観する。

## 学校の評判をおとしめた麻生副総裁

学習院初等科の価値をおとしめている原因は、皇室から敬遠されだしたことばかりではない。出身者の中に、同校の教育を受けても大丈夫なのか、疑わせるような人物がいるというのである。その代表格は首相経験者で現在、自民党副総裁を務める麻生太郎だ。

漢字を読み間違えて評判を落とした麻生太郎元首相

父方は福岡県筑豊の炭坑経営を出発点に、九州随一の財閥・麻生グループを築いた一族。母方の祖父は元首相の吉田茂だ。麻生は小学校2年まで筑豊の麻生塾に通った。父・太賀吉が炭坑労働者の子弟のために創設した学校だった。悪ぶりたがるのが麻生の持ち味とも言えるが、それはお山の大将だったこの時代に身についたものだ。小学校3年の時、上京。学習院初等科に編入した。

この麻生が学習院の評判を下げていると言われだしたのは首相時代。国会答弁で漢字をたびたび誤読したからだ。「踏襲」を「ふしゅう」、「詳細」を「ようさい」など、それほど難しくない熟語をことごとく間違えたのである。学習院初等科の先輩の三島由紀夫がもし生きていたら、大いに嘆くに違いない。同級生の一人は次のように話す。

「初等科で麻生さんの成績はいつもビリから数番目。特に国語と算数がひどかった。しかし、そんなことにはほとんど無頓着な様子で、勉強している姿を見た記憶がない」

算数のテストでは50点とれればいいほうだったという。数字が苦手だった少年が財務大臣を戦後最長の8年9カ月も務めるのだから、ある意味、大したものだ。

学習院にとってはマイナスの要素ばかりが目立っている状況だが、「最近、また人気が復活する兆しがあるのです」と話すのは大手学習塾の小学校受験担当者だ。

「学校側が志願者数など入試に関するデータを公表していないので、正確な数字はわかりませんが、ここ数年の倍率は7倍前後と見られ、以前の水準に戻っています。一連の騒動で人気が落ちたぶん、かえって狙い目と考える保護者が増えたのです。歴史と伝統に培われた学習院初等科の教育システムが優れているのは間違いないのですから」（同）

## 人気復活の兆しの背景は…

学習院初等科の教育でもっとも力が入れられているのは生徒の人格形成。公家の学校だから、どちらかというと優しさを前面に押し出した教育が行われていると思いがちだが、校風を示す言葉として一番最初にくるのは「質実剛健」。学習院長を務めた乃木希典陸軍大将の遺訓でもある。

6年生の時に静岡県で行われる4泊5日の沼津海浜教育は、100年以上も続く伝統行事。競技水泳ではなく、日本古来の立ち泳ぎ、横泳ぎ、平泳ぎなどを用い、長時間泳げるようにするのが目標だ。なお、質実剛健の校風を体現するように、男子生徒は全員、水着ではなく赤いフンドシを着用する。

もちろん、現代に合わせたカリキュラムも積極的に取り入れている。3年生からは1人1台のパソコンを使った情報教育や、少人数による英語教育もスタートする。

学習院関係者の最大の気がかりは、学習院女子高に在学していた愛子さまの進路。学習院大に内部進学するのか、それとも他大学を目指すのか、なかなか情報は漏れ伝わってこなかった。

「人気が多少回復したといっても、皇室のさらなる学習院離れが進むと、初等科にとってダメージとなるのは避けられない」と関係者は危機感を募らせていたが、愛子さまは20年春、学習院大文学部に入学。周囲はようやく胸をなで下ろした。

# 安倍元首相の母校・成蹊学園が実践する〝真のゆとり教育〟の3本柱

## おしゃれな街に広大なキャンパス

都内の「住みたい街」や「おしゃれな街」のランキングで常に上位にくる吉祥寺（東京都武蔵野市）。この人気エリアに東京ドーム6個分、約27万平方メートルの敷地を擁しているのが成蹊学園だ。広大なキャンパスに小学校から大学・大学院まですべてが収まっている。

卒業生でもっとも有名なのは元首相の安倍晋三だろう。小学校から大学まで16年間、吉祥寺の成蹊キャンパスに通い続けた。大学時代（法学部政治学科１９７７年卒）、イタリアの高級車アルファロメオを乗り回し、雀荘に足繁く通っていたのはよく知られたエピソードだが、小学生時代の安倍少年はまるで目立たない子どもだったという。「典

小学校から大学まで16年間通い続けた安倍晋三元首相

型的なお坊ちゃまタイプ」と振り返るのは学校法人成蹊学園関係者だ。

「当時の同級生が一様に語るのは、人と争うところを見たことがないということ。おじいさま（岸信介第56・57代首相）から将来の総理を嘱望されていた安倍さんは、直感的におとなしくしていなければいけないという思いがあったのかもしれません。もっとも、安倍さんに限らず、成蹊小学校の生徒はおっとりしている子が多いのですが……」（同）

成蹊小学校の開校は１９１５年。その10年後に旧制成蹊高校（７年制）が開校すると、そこに内部進学できる成蹊小学校の人気は急速に高まった。旧制高校からは東大をはじめ、帝国大学に優先的に入学できたからだ。戦後になると、教育制度が大きく変わり、そうしたメリットもなくなる。

「かつての超名門小学校のイメージはなくなりましたが、いまだに根強い人気がある。ゆったりとした環境で子どもを伸び伸びと育てたいという親御さんたちから支持されています」（大手学習塾幹部）

## 3本柱は「凝念」「日記指導」「こみち科」

この小学校では、見せかけではない真の〝ゆとり教育〟があると話すのは、前出の学校法人関係者。

「ゆとり教育はただ、のんびりするという意味ではない。生徒の個性を尊重しながら、外面はおっとりしていても、内面はたくましく、自立した人間を育てることを目標にしている。そのために、成蹊小学校独自の教育方法もいろいろ実践しています」

そのひとつが「凝念《ぎょうねん》」なるもの。成蹊学園を創立した教育者の中村春二が考案した精神集中法だ。椅子に座るか、もしくは立ったまま、みぞおちの下あたりで両手を重ね、左右の親指を合わせて桃の形をつくり、黙想するのである。朝の会、帰りの会、授業、給食などの開始時、さらには始業式をはじめとするさまざまな行事でも行われる。「心が整理され、すがすがしい気持ちで物事に臨める」という。

「凝念」と同様、創立以来、続けられているのが「日記指導」。生徒一人ひとりが毎日の生活の中で感じたことを日記につづり、自身を見つめ直す。そして、あとがきの欄に、教師が感想やアドバイスを加える。師弟の絆をより深める効果もある。

「そうした中で、もっとも重視しているのが総合学習を目的とした『こみち科』です。これこそ、成蹊小学校が誇れる教科といっても過言ではありません」

そのオリジンは、創立当初からあった「園芸」という教科。以降、「生活単元学習」

や「生活学習」という形で発展し、独自の総合学習の場となっていく。91年度からは低学年（1～2年生）を対象に、それに代わる教科として「こみち科」を新設。04年度からは全学年を対象にした。

低学年のこみち科では、生徒の感性を豊かにするためのカリキュラムを組んでいる。校舎の周囲の自然を観察したり、校内にある農地で野菜を栽培。中学年（3～4年生）では栽培、行事、図書館やパソコンの活用など、領域は広範囲にわたり、他教科との連携も図る。高学年（5～6年生）ではさらにレベルアップ。日常生活における基礎知識や技能を身につける。収穫した麦で味噌を仕込んだり、小麦粉を全粒粉に挽いてパン作りにチャレンジと、食育への意識も高める。

「簡単に言えば、他人に頼らず、自分で生きていく力をつける場なのです。6年生は各自がテーマを決めて、1年間かけて調査を行い、資料をパワーポイントで作成する。いわゆる卒業研究ですが、全部、一人で最後までやる。優秀な作品は、クラスの代表として、みんなの前でプレゼンテーションをします」（学校法人関係者）

## 「夏の学校」では親元を離れて集団生活を体験

こみち科で6年間、実践を重ねたあとは、生徒は見違えるようにたくましくなっているという。もうひとつ、生徒のたくましさに一役買っているのは「夏の学校」。成蹊小学校創立当初は、夏休みを廃止して、夏の学校に充てた。創立者・中村春二は生徒の心身の鍛錬に、絶好の期間だと考えたのだ。

さすがに夏休みの期間をすべて夏の学校に費やすことはなくなったが、親元を離れて集団生活を体験する伝統は今でも生きている。1～3年生は成蹊学園が所有する箱根寮を使い、泊まり込みで体験学習。4年生は南房総、5年生は志賀高原、6年生は再び南房総で夏の学校を体験する。

「メインイベントはやはり6年生の時の遠泳。あれはしんどかった」と振り返るのは50代のOB。卒業生を中心とした水泳師範団のサポートを受けながら、2キロメートルを泳ぎ切るのだ。

「精魂を使い果たしました。何よりきつかったのは男子はみんな、赤フンドシを締めなければならなかったこと。一方、女子はスクール水着なんですが、彼女たちにジロジロ見られるのがなんとも恥ずかしくて……。今となってはいい思い出ですが」とOBは笑う。

現在は、男子生徒もフンドシではなく、普通の水泳パンツを履く。なお、20、21年はコロナ禍のせいで夏の学校は中止。代わりに、学園内の複数のプールを使い、長時間、泳ぎ続ける水泳訓練を行った。

新型コロナウイルスが猛威を振るう中、さまざまなカリキュラムが変更を余儀なくされているが、授業はすでに平静さを取り戻している。

## 成蹊小のレベルが急上昇した理由

「大学までエスカレーター式に内部進学できる学校では、学業に関し、どうしても気が緩みがちですが、最近の成蹊小学校はレベルが急上昇していると評判になっている」と前出の学習塾幹部は話す。

大きな変革をもたらした背景として、15年度から導入された「学年内完全教科担任制」が挙げられる。5年と6年の国語、社会、算数、こみちの4教科について、同学年の学級担任がそれぞれ担当することになったのだ。

「各教師の専門分野を生かせるようにしたのです。各教科研究部でも横の連携も密にして、教師同士で研究を重ね、独自の教材を作って、より充実した指導ができるように図っています」(学校法人関係者)

同校への注目が以前にもまして高まっているが、人気の秘密はほかにもある。何よりも、将来への安心感が大きいという。「成蹊大学が就職に強いのが、小学校受験を目指す親御さんたちからは魅力に映るようです」と学習塾幹部は話す。

成蹊大学の就職先で目立つのは三菱UFJ銀行、東京海上日動火災保険、明治安田生命保険、三菱電機といった三菱グループ企業。中村春二が成蹊学園を創設する際、全面協力したのが三菱財閥4代目総帥の岩崎小彌太だったこともあり、多くの三菱系企業と人的交流があるのだ。

## 大学には高校から3割程度が進学

とはいえ、成蹊小学校出身者がその恩恵をどれだけ受けているのかとなると、はなはだ疑問。成蹊小学校から成蹊中学・高校にはほとんどの生徒が内部進学するが、高校から成蹊大学となると、実は3割程度しか進学しないのである。例年、成蹊高校3年生の85％前後の生徒が成蹊大学への内部推薦の有資格者となる。ところが、それを放棄して、別の有名私大や国公立大を受験するケースが多いのだ。「今後ますます、その傾向が強まるのでは」と予想するのは予備校スタッフ。

「学園が変革を打ち出しているのは、底上げを図って、より大学受験に強い小中高一貫校を目指しているからではないか。特に、受験校の人気のバロメーターである医学部の合格者数（21年は延べ39人）を増やしたいと、経営陣は考えていると思う」

少子化の中、より厳しさが増す学校経営。過去のネームバリューだけで生き残れる時代は終わったのかもしれない。

# コロナ禍で人気が強まる大学付属校 MARCHでは立教が頭一つ抜け出す

## 余裕をもった学園生活を送れると人気

「有名私立大付属校の人気は以前にもまして上がっている」と話すのは大手学習塾の幹部。

「コロナ禍で先が見通せない中、保護者の安定志向が強まっているのです。もともと、大学に内部進学できる私立付属校は早慶を中心に人気がありましたが、その対象範囲が広がってきています」

幼稚園受験、小学校受験、中学受験、高校受験と、大学付属校に入るにはいくつかのパターンがある。いずれにしても、前倒しして〝目指す〟有名大へのレールを敷けるのが最大のメリットだ。ただし、目指すといっても、幼稚園や小学校を受験する場合は、児童本人ではなく、親の意向で決めるケースがほとんどだろう。高校に上がって、将来の進路を具体的に考え始める頃、現在の自分が置かれている立場を変えようとする生徒も現れる。

「内部進学する大学に行きたい学部がない場合、他の大学を目指すことになります。特に理系志望の生徒にとって、そうした状況が起こりやすい。もし理工系の学部があったとしても、予算が不足している私立大が少なくないのです。となると、せっかく内部進学しても、期待した勉強はできそうにない。そこで、理系が充実している別の大学に入るために、受験をするといった生徒が出てくるのです」（予備校スタッフ）

　あらかじめ選択肢が限られているマイナス面はあるが、多くの生徒にとって、余裕をもった学園生活を送れるのは何ものにも代えがたいメリット。しかも、有名大に進むことがほぼ約束されているとなると、その付属校に人気が集まるのも当然だ。「そうした有名大の付属校で最近、脚光を浴び

ているのは立教」と話すのは前出の学習塾幹部。

## 大学の評価が上がると付属校にも波及

「大学の評価が上がってきたのが影響している。数年前まで、MARCH(明治、青山学院、立教、中央、法政)の中でリードしていたのは明治大ですが、ここのところ立教大が急伸して、頭ひとつ抜け出している感じなのです」

その原動力は2006年に経済学部から独立する形で誕生した経営学部。ビジネスリーダーを養成する実践的なプログラムを組んだところ、徐々にそれが世間にも知られるようになる。メディアとのコラボも功を奏し、看板講座に育っていった。

「明治大の経営学部と両方に合格した場合、8割以上の受験者が立教大を選ぶようになった。08年に設置された異文化コミュニケーション学部にも受験者が殺到し、立教人気を押し上げている。それに呼応するように、付属校の人気も高まっているのです」(学校法人立教学院関係者)

90年代に立教小学校に入学した30代のOBは「立教に入れて得した気分」と話す。立教池袋中学・高校、立教大まで、16年間、東京・豊島区のキャンパスに通い続けた。大学では発足してまもなくの経営学部で学んだ。

「知り合いの息子さんが昨年、立教小学校を受けたんですが、落ちてしまった。僕らの頃と比べて、ものすごく難しくなっているそうなんです。大学の評価もずいぶん高くなっている。在学している時はそんなふうには思わなかったけれど、今は立教の卒業生であることを誇らしく感じています。右も左もわからず、親に勧められるままに受験したのですが、ラッキーでした」

## 小学校から大学までにかかる費用は2000万円

立教のケースとは逆に、大学に進む頃には付属校に入った時点よりも学校のブランド力が落ちていた、なんていうこともめずらしくない。必ずしも右肩上がりで評価が上がっていくものではないのだ。そこまで見通すことは難しく、付属校選びも運次第のところがある。

もうひとつ留意しなければならないのは学費。私立でずっと過ごすとなると、その費用は馬鹿にならない。私立としてはごく平均的な費用の立教の場合でも、小学校から大学まで在学すると、諸々の経費を合わせ、少なくとも2000万円はかかる計算になる。ドライな言い方になるが、将来の就職まで含め、その金額が見合っているのかどうか、費用対効果をじっくり見極める必要があるだろう。

# 教諭体制は日本一も… 〝国公立の雄〟筑波大附属小の落とし穴

## 入学すれば人生のプラチナカードを得られる?

慶應幼稚舎が私立小学校の雄なら、国公立の雄と評されるのは筑波大学附属小学校（通称「筑附小」、東京・文京区）。同校が東京師範学校（東京教育大などを経て現筑波大）の附属小学校として開校したのは１８７３年（明治6年）。日本で最初に誕生した小学校だ。男女共学の小中高一貫で、卒業後は筑附中、そして筑附高に進学する。

「筑附高はかつて東大合格者ベスト10の常連でしたが、90年代以降はそこまでの実績は残していない。といっても、東大には毎年コンスタントに30人台は入っているし、医学部への進学も多い。この筑附高にエスカレーター式に上がれる筑附小に合格するということは人生のプラチナカードを得るようなものなのです」

こう話すのは大手学習塾の幹部スタッフ。ただし、それが本当にプラチナカードだと言い切るには怪しい面もあるのだが……。そのあたりの疑問については後述する。

19年度の入試（18年11～12月実施）は男子64人・女子64人の募集に対し、応募者数は国内最多の男子2032人・女子1762人。なんと、約30倍という狭き門だ。「人気の秘密はまず学費の低さ」（同）だという。初年度にかかる費用は入学金も合わせて約26万円。対して、慶應幼稚舎は150万円以上。それ以外に寄付金や学校債などの納入を求められ、その費用も数十万円かかる。

## 初年度の学費は慶應幼稚舎の6分の1程度

「筑附小にこれだけ受験者が殺到するのは、安い学費に加え、入試対策が立てやすいから。この高倍率だと、普通は受ける気がしないのですが、過去の試験内容を見ると、しっかり準備をすれば、合格できそうな気持ちになってくる。もちろん、現実はそんな簡単な話ではないのですが」

この学習塾スタッフは筑附小入試の対策

が立てやすい理由として、ペーパーテストがあることを挙げる。他に体操、制作、集団活動の試験があるが、ペーパーの比重が高いのだ。ペーパーは「お話の記憶」と「図形」の2本立て。小学生前の子どもにとって難易度は低くないが、傾向がはっきりしているので、訓練すればするほど、成果に直結するのだという。

「決して誉められることではないかもしれませんが、筑附小の受験には詰め込み式の準備が非常に有効なのです。試験時間も全部でわずか1時間にすぎず、範囲がはっきりしているので、ピンポイントで集中的に教え込むことができる。一方、慶應幼稚舎にはペーパーテストはなく、時間は1時間40分ほどかかり、独創的なパフォーマンスが求められる。準備は必要ですが、画一的なやり方ではかえってマイナスになりかねない。そういう意味では、筑附小のほうが優等生タイプが受かりやすい学校だといえるでしょう」(同)

だが、受験対策が万全だとしても、それだけで筑附小に入れるわけではない。試験は第1〜3次選考まで、3段階あるのだ。ここまでレポートしてきた内容は、第2次選考についてのもの。第1次と第3次は抽選。いわゆるクジ引きである。

第1次選考で男子の約5割、女子の約4割が落とされ、試験の本番である第2次選考に進めない。そして第2次選考を通っても、第3次選考の抽選で男子も女子も4割近くが落とされてしまう。つまり、運がなければ合格というハードルをクリアできないのだ。

## 強運の持ち主でなければ入れない

用意周到な受験対策にツキが加わって、晴れて筑附小の生徒になれるというわけだが、「それだけ、この学校の一員となる魅力は大きい」と話すのは同校のOBだ。

「ユニークな先生が多くて、授業が素晴らしいんです。自分の息子も筑附小を受験させ、第2次選考までは通ったものの、最後の抽選で外れてしまった。結局、区立小学校に入ったんですが、私が筑附小で受けてきた授業とまるで違って、先生たちに生徒の興味を惹こうという熱意がまったく見られない。改めて、筑附小の先生たちのレベルの高さを知ったんです」

日本の小学校では、一人の担任教諭がほとんどの科目を教える「学級担任制」が一般的。だが、この筑附小では昔から各教科ごとに専門教諭が授業を担当する「教科担任制」を導入している。

「教育の質を上げるには、よりプロフェッショナル性が高い教科担任制がベターと考えているからです。学級担任の側も、教科担任に自分のクラスを乗っ取られないように、生徒一人ひとりとの距離を縮めようと必死になる。そうして相乗効果が生まれ、理想的なクラスを創り上げていくのです」

こう解説する筑附小関係者は「教諭体制はたぶん日本一でしょう」と豪語する。たしかに、各教科には「カリスマ先生」と呼ばれる教科担任がゴロゴロいる。たとえば、算数の教諭で19年3月まで副校長を務めていた田中博史。「算数の面白さを生徒に伝える天才であり、そのやり方を全国の教諭たちにも指導してきた」(同関係者)という。田中に習った前出のOBは次のように振り返る。

「1年生の授業で足し算や引き算を教える時、集合の概念を持ち込むんです。小1には難しすぎると思われるかもしれませんが、全然そんなことはなく、その考え方がわかれば、次のステップにスムーズに進んでいける。だから、筑附小では算数でつまずく生徒は非常に少ないんです」

## 内部進学できず振り落とされることも

他の教科も同様に、授業にさまざまな工夫が盛り込まれているという。最高級の授業を受けられるという意味でも、筑附小に入学することは前述の通り、プラチナカードをゲットするようなものなのだ。しかし、そこには落とし穴もある。筑附中への内部進学の際、選抜試験があり、2割近くの生徒がエスカレーター式だと思っていたコースから振り落とされるのである。

「私の親友だった同級生も、それほど成績が悪かったわけでもないのに、筑附中へ進めなかったんです。区立の中学に入った彼はグレてしまい、次第に疎遠になってしまった。その後、よからぬ噂も耳にしました。こうして内部進学できず、人生を踏み外すケースは少なくないと聞きます」（ＯＢ）

その結果、エスカレーターコースに残るのは優等生タイプばかり。「誰もが内部進学を求めるあまり、たくましさに欠ける生徒が目立ち、小粒感は否めない」と筑附小関係者は嘆く。

過去には鳩山一郎、宮澤喜一、福田康夫（中退）と３人の首相を輩出。財界でも元鹿島建設会長の石川六郎、元三菱東京ＵＦＪ銀行（現三菱ＵＦＪ銀行）頭取の畔柳信雄をはじめ、重鎮が出身者にずらっと並ぶ。だが、近年はこうした大物はほとんどいなくなってしまった。多様性を生み出しにくい現在の体制が続けば、名門校の地位も危うい。

# 成城幼稚園は初年度費用129万円 それでも根強いブランド力

## 自然が豊かでのびのびと通える

「名門」と呼ばれる幼稚園には2つのタイプがある。若葉会（東京・港区）や枝光会（港区と目黒区に4園）に代表される小学校受験に強いタイプ。もうひとつは、一貫校の付属幼稚園。私立の場合、原則として小学校、中学、高校にエスカレーター式に上がっていく。大学があれば、そこまでずっと同じ系列校で過ごすこともめずらしくない。

「コロナ禍の影響で一貫校の人気がますます高まっている」と話すのは大手学習塾の幹部。

「将来がまったく見通せなくなっている中、子どもを早いうちに安定したコースに乗せたいと思う親御さんが増えているのです。中学受験に関してはコロナ禍と関係なく、だ

いぶ前から加熱していますが、それが小学校、さらには幼稚園まで降りてきている。とりわけ、上級学校に大学がある幼稚園に人気が集まっているのです」

都内幼稚園の人気ランキングで常に上位にくるのが学校法人成城学園が運営する成城幼稚園（世田谷区、3年保育）。国内有数の高級住宅街にありながら、目の前に多摩川水系の仙川が流れ、園庭は木々に囲まれ、緑豊かな自然が残っている。隣には成城学園初等学校（小学校）、仙川を挟んで成城大学のキャンパスや中学・高校の校舎がある。

## 1学年の定員は男女各20人の狭き門

「大学まであるので、受験戦争に巻き込まれなくても済むという安心感。しかも、環境が抜群で、伸び伸びと学園生活が送れる点が子どもにとって大きい」と話すのは、数年前に長女を成城幼稚園に入園させた30代のOG。自身、とても過ごしやすかった思い出があり、子どもができたら入れようと、かねてから考えていた。とはいえ、1学年男子20人・女子20人の狭き門。運がよかったと振り返る。

「せっかく親子2代で入園できたのですから、娘にはこの地で大学まで、のんびりと過ごしてくれればと思っています」と言いながらも、実はこのOGはずっと成城学園に在学していたわけではない。

「成城学園中学には内部進学で上がったのですが、自分が将来、目指したいのは理系だと気づいたんです。でも、成城大には理系の学部はない。そこで、高校受験をして、理工学部のある大学の付属校に進みました」

## 理系を選択したければ他大学に行くしかない

優良企業への就職率が高いことで知られる成城大だが、学部は経済、文芸、法、社会イノベーションの４つしかない。理系を選択する場合は、他大学に入るしかないのだ。

「理系に進む意向を持っている場合や、文系でも成城大以外の大学を志望している場合、以前だと大学受験の段階で決める生徒が多かったのですが、近年はその付属高校や中学を受験するケースが増えています」（学校法人関係者）

つまり、幼稚園や初等学校から入学しても、必ずしも大学までずっと成城学園で過ごすとは限らないのである。「そもそも、大学まであるというのは、言い方は悪いですが、すべり止めのような感覚」と話すのは、十数年前に長男を成城幼稚園に入園させた保護者。長男は中学受験をして、有名私立大の付属校に合格した。

「弁護士志望の息子は現在、その大学の法学部に通っています。成城大にも法学部は

ありますが、司法試験に通るのはなかなか難しい。ではなぜ、幼稚園では成城を選んだかというと、元来おっとりとしている性格の息子には、ゆったりした校風が合っていると思ったからです」

前述したように、幼稚園内は自然豊かな環境が保たれている。土地の傾斜をそのまま生かした園庭は起伏に富み、さまざまな植物が育ち、虫が集まってくる。

## 1世紀近くの歴史に培われた真のゆとり教育

「成城幼稚園では『個性尊重の教育』とともに『自然と親しむ教育』を掲げています。単に言葉だけではなく、そこには1世紀近くの歴史に培われた真の〝ゆとり教育〟がある。年少、年中、年長それぞれ2クラス。1クラスは男子10人・女子10人の少人数制なので、園児一人ひとりに対し、かゆいところに手が届くケアができるのです」（学校法人関係者）

隣接する初等学校との交流もある。年中や年長になると、校舎見学や授業体験をする。幼稚園と初等学校の合同運動会では、園児と小学生が一緒に玉入れ。年上との交流は、園児たちの人間形成にも役立っているという。「そうした経験をした者にとって、自分の子どもをぜひ、この幼稚園に入れたいと思うのは自然のなりゆき」と前出のOGは強調する。

## 卒園生に森山直太朗、小澤征悦

ただし、問題はその費用。入園初年度は入園料、保育料、施設費などを合わせて計１２９万円（21年度）を払い込まなければならない。これは都内幼稚園で青山学院、淡島、学習院に次いで4番目の高さだ。資金的な余裕がない家庭ではかなり厳しい。そこで目立つのが芸能人家庭の子弟だ。

「芸能人の場合でも、親が成城学園出身だと、子どもを成城幼稚園に入れたがる傾向が強いように見受けられる」と話すのは、かつて同園のスタッフだった女性だ。

２０２０年に連続テレビ小説「エール」に出演し、俳優としても活躍する歌手の森山直太朗は１９８０年に成城幼稚園に入園。19年間にわたって成城学園に在学し、99年に経済学部を卒業している。母の歌手・森山良子は成城学園高校の出身だ。

幼稚園から大学までずっと成城学園に通った小澤征悦さん

森山直太朗の1学年上の俳優・小澤征悦も幼稚園から大学（文芸学部）までずっと成城学園。父で世界的指揮者の小澤征爾も中学の時、成城学園に在学していた。成城学園が17年に創立１００年を迎えた際、「僕の人生の中で一番楽しかったのは、成城の中学校の3年間」とコメントを寄せている。高校1年まで成城学園に籍を置いていたが、2年に上がる際、創設されたばかりの桐朋女子高校音楽科に転校した。なお、同科は普通科とは違って男女共学である。

森山直太朗にしても小澤征悦にしても邪気がなく、見るからに素直な人柄が伝わってくる。幼稚園からの成城学園での人間形成が反映されているのだろう。

11月上旬には成城幼稚園の入試がある。1時間の集団テストと、約5分間の親子同伴面接で判定する。

「読み書きのテストはありません。重要なのは子どもが集団生活に適応できるかどうかですが、なにぶん、3歳児のやること。まわりの受験者に左右される部分も大きく、その巡り合わせによって不利になることも。〝運〟次第のところもあります」(元スタッフ)

母体・成城学園に続き、25年には幼稚園も創立100年を迎える。最近の「お受験」戦線では名前が取り沙汰されることが少ない成城幼稚園だが、「お母さまがたの間では人気が根強い」(学習塾幹部)という。いまだ、成城のブランド力は健在のようだ。

# 都内で費用が最高額
# 青山学院幼稚園は上級国民向け施設？

## 85%の生徒が大学まで内部進学

都内でもっともカネがかかる幼稚園といえば、青山学院幼稚園（渋谷区、３年保育）。東京都の調査によると、２０２１年度入園の初年度の納付金は１６０万５０００円。都内幼稚園の平均は52万１０１６円だから、その３倍以上だ。なお、青山学院に次いで高額な幼稚園は淡島（世田谷区、３年）１３９万円、学習院（豊島区、２年）１３４万５０００円、成城（世田谷区、３年）１２９万円、東洋英和（港区、３年）１２８万円と続く。

「いくら高くても、青山学院を愛する者にとって、自身の子どもを青山学院幼稚園に入れることは無上の喜び」と話すのは、幼稚園から大学までずっと青山学院で過ごした40

代のＯＧ。数年前、自身の息子も青山学院幼稚園に入園。現在は初等部（小学校）に在学している。

幼稚園から初等部、さらには中等部への内部進学はほぼ全員。高等部へは95％以上が進み、大学にも約85％が内部進学する。幼稚園から大学まで19年間にわたって、青山学院ひとすじという生徒が圧倒的に多いのだ。もし大学院に進めば、20年以上、青山学院に在学することになる。

しかも、その間ずっと、渋谷駅と表参道駅の間にある一等地の青山キャンパスで過ごすのである。幼稚園から大学まですべて同じキャンパス内にあるのだ。在学中にことは別の場所に通うケースは、大学・大学院で相模原キャンパス（神奈川県）にある理工学部、社会情報学部、地球社会共生学部、コミュニティ人間科学部を選んだ時だけである。

## 初等部との連携が緊密

「これだけ長く青山学院にいれば、そのカラーに染まるのは当然ですが、私の場合、幼稚園の時にすでに青学愛に目覚めていました。他の園児たちも同じだったと思います」

40代ＯＧはこう振り返る。その理由のひとつは、青山学院側が一貫教育の出発点として、幼稚園を位置づけている点が挙げられる。「幼稚園と初等部の連携を密にして、早くから青山学院生としての意識を高めるのです」と説明するのは、学校法人青山学院の関係者だ。

「年に2回、幼稚園の園児と初等部の1年生・2年生が『一緒に遊ぼう会』というイベントで交流を持ちます。幼稚園の年長組は初等部に遊びに行く。一方、初等部からは20人ほどの生徒が幼稚園に来て、年中組と年少組の園児たちと一日中、遊んだり、お弁当を一緒に食べる。こうした会だけでなく、ほかにもさまざまな形で連携をとっています」

幼稚園から大学・大学院まで、すべての卒業生が名前を連ねる同窓組織「青山学院校友会」の元役員は「青山学院ブランドをもっとも体現しているのは幼稚園出身者」と話す。本人も幼稚園から青山学院生としての経歴をスタートさせた。

「やっぱり僕らが一番、青山学院を盛り上げたいと思っている人種じゃないですかね。校友会など、OB・OGが集まる場面で、もっとも力を注いでいるのも幼稚園出身者。まさに〝三つ子の魂百まで〟です」

青山学院というブランドに強い誇りを持っているのがうかがわれるが、そこで気になるのは費用。都内で一番高額な幼稚園であるのは冒頭で述べた通り。初等部以降も相当なカネがかかるのを覚悟しなければならない。

## サラリーマン家庭の子供でも通えるのか

「かなり裕福な家庭でないと、幼稚園から青山学院に行くのは難しいのではないでしょうか。もっとも、うちは裕福ではありませんでしたが」と証言するのは前出のOGだ。

「経営者、医者、芸能人を親に持つ子どもが多かった。一方、私のところは普通のサラリーマン家庭。それでも、幼稚園から青山学院に入れたのは、母方の祖父が会社を経営し、けっこう資産があったからです。孫の私のために、学校でかかる費用のほとんどを出してくれていたようです」

母親は一人っ子で、このOGも一人っ子。つまり、祖父母からすれば、たった一人の孫だった。将来、相続で揉める心配もないので、かわいい孫のためにいくらでも注ぎ込めたのだ。

「祖父母はもう他界しましたが、母によると、学校関係で出してもらった金額は19年間で4000万円を優に超えていたそうです。初等部に上がってからのほうがさらにかかったと言っていました。たしかに、初等部、中等部、高等部では国際交流やホームステイで海外に行くプログラムが数多く組まれている。すべてに参加するわけではないものの、出費がかさむんです。今から思えば、身分不相応だったような気もします」

こう話しながらも、自身の息子も青山学院幼稚園に入れた同OG。母が遺産相続で受け取った資産がなければ、とても無理だっただろうという。

「私のところはもちろん違いますが、最近流行っている言葉でいえば、〝上級国民〟向けの学校だと思います」

## 芸能人でも通わせられるのはトップクラスの一握り

1学年わずか40人（男子20人、女子20人）の狭き門の青山学院幼稚園。芸能人の子弟が目立つ。だが、浮き沈みの激しい芸能界で、上級国民という称号がピッタリくるのはほんの一握りにすぎない。この幼稚園に子どもを入園させる芸能人の多くは、トップクラスに位置づけられるセレブたちだ。

たとえば、日本を代表する俳優・渡辺謙の2人の子どもはいずれも青山学院幼稚園だ。渡辺は87年のNHK大河ドラマ「独眼竜政宗」で主役を演じ、一気にスターダムにのし上がった。同ドラマの平均視聴率39・7％は大河史上最高の数字である。

長男・渡辺大はその翌年に幼稚園に入園。大学まで青山学院に在学し、教育人間科学部を卒業した。2学年下の長女・杏は中等部まで在学。15歳の時、ファッション誌「non-no」の専属モデルとなり、高校から堀越高に移ったが、中退。大学入学資格検定に合格している。

幼稚園から高等部まで通った市川海老蔵さん

渡辺謙の長女杏さんは中等部まで通った

芸能人の中で特に目を引くのは梨園人脈。数多くの歌舞伎役者の子弟が青山学院幼稚園に入園しているが、いずれも名門の家柄ばかりだ。その代表格は市川海老蔵（11代目）だろう。屋号は一番格上の「成田屋」。20年5月に襲名する予定だった市川團十郎（13代目）は歌舞伎界トップの名跡だ。なお、新型コロナ禍のせいで襲名は延期されている。

海老蔵が幼稚園に入ったのは81年。高等部まで青山学院で過ごしたが、卒業することはなかった。高1の時、舞台が忙しくなり留年。高3に上がる際、堀越高に転校し卒業した。

13年に66歳の若さで亡くなった父・市川團十郎（12代目）も青山学院のOB。ただし、幼稚園ではなく、初等部からだ。理由ははっきりしている。その時代には、青山学院幼稚園はなかったのだ。前身の青山学院緑岡幼稚園は１９３７年に創立しているのだが、45年に東京大空襲で焼失。61年に再開するまで、幼稚園の運営は休止していたのである。團十郎は高等部を卒業後、青山学院大には内部進学せず、日大芸術学部に進み卒業した。

## 倍率は4倍前後…合格させるコツ

さて、いかにも敷居が高そうな青山学院幼稚園だが、合格するコツはあるのだろうか。同園の元スタッフは次のように話す。

「ポイントは小集団テストでの母親の振る舞い。最初の15分間、親子で自由に遊ぶのですが、母親があまりリードしすぎると良くありません。子どもの自発性を引き出すようにするのがコツです。とはいえ、３歳児ですから、判定する側も甲乙つけるのは難しく、結局、運に左右される部分が大きい。合格倍率は4倍前後なので、誰でも受かるチャンスはあると思います」

受験にかかる費用は3万６０００円（入園検定料3万５０００円+願書１０００円）。これをもったいないと思う金銭感覚では、もし合格しても、入ったあと後悔することになりそうだ。

# "女子御三家"雙葉学園の幼稚園教育が男児にもプラスになる理由

## 女子にとって最難関幼稚園のひとつ

都内私立「女子御三家」といえば、桜蔭、女子学院、雙葉の3校。いずれも大学受験で高い実績を上げている名門だが、雙葉だけ、他の2校と違っている点がある。桜蔭と女子学院が中高一貫なのに対し、雙葉は幼稚園から高校までの一貫なのだ。

JR四ツ谷駅から徒歩2分と絶好の場所にあり、原則としてエスカレーター式に上級の学校に上がれるので、雙葉小学校や雙葉小学校附属幼稚園（以下「雙葉幼稚園」、2年保育）の人気は非常に高い。ただし、幼稚園の場合は全員が小学校に内部進学できるわけではない。小学校から上は完全女子校だが、幼稚園は男子も受け入れているからだ。逆に言えば、男子の園児は小学校に上がる際に、他の学校を選ばなければならない。

「女子入園者のほうが断然、メリットが大きいわけで、当然ながら入試の難易度はだいぶ違う。女子にとって、都内幼稚園では最難関の一つといってもいいでしょう」（学

習塾幹部）

一学年の園児数は女子40人、男子10人。内部進学のない男子の入園料（２０２１年度）は14万円。女子の22万円より低く設定されている。だからといって、男子園児のレベルが低いわけではない。「男もかなり優秀なのが集まっていたと思う」と振り返るのは、60年代に入園した60代の会社経営者だ。

「僕らの頃は男がもっと少なくて、女子の１割強程度だった。そうした中から、１部上場企業の役員もいっぱい出ているし、学者になっているのも多い」

## ＯＢに仏文学者で元東大総長の蓮實重彥氏も

このＯＢは小学校受験をして、東京学芸大附属世田谷に進んだ。20歳以上も離れた男子の先輩には、仏文学者で東大総長を務めた蓮實重彥氏もいる。蓮實氏は卒園後、学習院初等科に入学。学習院高校から東大に進んだ。それから時代はだいぶ経つが、現在も雙葉幼稚園から有名小学校に進学する男子園児が目立つ。

「小学校受験を見据えて、息子を雙葉幼稚園に入れたいという父兄も多い。お受験に特化した幼稚園ではありませんが、男児にはここでの体験がかなりプラスになるようです」（学習塾幹部）

フランスのサンモール修道会（現「幼きイエス会」）によって設立された雙葉は、「カトリック精神に基づく全人教育」を掲げている。それは小学校や中高だけでなく、幼稚園でも同様だ。

「自由活動と一斉活動を組み合わせながら、祈る心を養って、人間形成の土台づくりをしていくのが幼稚園の目的です」と説明する学校法人雙葉学園の関係者は、こう続ける。

「園生活でルールを守ることも学んでいくのですが、といって、何かを強いるような指導はしません。遊びの部分を非常に大切にしている。園児同士が手を取り合い、みんなで物事に熱中する喜びを感じてもらう。和気あいあいとした雰囲気の中で、他者へのいたわりの気持ちも生まれてくるのです」

ただ、少数派の男子園児にとっては、必ずしも快適な園生活が送れるとは限らないらしい。緊張する場面も多かったと、前出の60代

OBは述懐する。

「どちらかというと、僕なんかは女の子たちに囲まれて萎縮していましたね。中には、暴れん坊の男子もいましたが、いじめられたと先生に告げ口されたりして、次第におとなしくなってしまった。伸び伸びと過ごした記憶はほとんどありません」

一方、女子園児の多くは園生活を思いきり謳歌しているようだ。自身の一人娘も雙葉幼稚園に入園させた30代のOGは次のように話す。

「高校まで、このまま雙葉で過ごすことができるという安心感がどこかにあったような気がします。毎日、小中高のお姉さんたちを見ているのですから、自然と雙葉生という自覚も芽生えてくる。気持ちの余裕と、雙葉生のプライドが相まって、とても楽しい園生活が送れた気がします」

## 美智子上皇后も卒園生

雙葉全体ではなく、雙葉幼稚園という枠に絞って考えた時、そのプライドを裏づけ

る象徴的な存在が浮かび上がってくる。卒園生の一人、美智子上皇后である。

日清製粉グループで社長や会長を歴任した正田英三郎氏の長女として誕生した上皇后は1939年、雙葉幼稚園に入園。41年には雙葉小学校に進学しているが、圧倒的に幼稚園の印象のほうが強い。雙葉小学校4年の時に神奈川県、その後、群馬県や長野県に疎開。いくつもの小学校を転々として、ずっと雙葉小学校に在学していたわけではないからだ。終戦後、雙葉に復学したが、中学は自宅から通いやすい聖心女子学院中等科に進んだ。

「母が美智子さまの大ファンで、是が非でも雙葉幼稚園に入れたくて仕方がなかったようです。美智子さまのようなおしとやかな女性に育ってほしいという思いだったのでしょう。そんな期待とは裏腹に、がさつな人間になってしまいましたが……」

こう言って、前出の30代ＯＧは笑う。長女（孫）が合格した時も、母親は飛び上がらんばかりに喜んだという。

根強い人気を持つ雙葉幼稚園の入試（女子）の倍率は例年、6〜7倍ほど。かなりの狭き門だが、合格するコツはあるのだろうか。

「かつては、親や姉妹に雙葉出身者がいると有利だと言われていましたが、近年はあまり関係なくなっているようです」と話すのは前出の学習塾幹部。大切になってくるのは、入園願書とともに出す提出書類だという。

「雙葉を選んだ理由、家族の教育方針、幼稚園側に伝えておきたい点の3項目について記入する欄があります。そこでは、考えや事実をより具体的に書くべきでしょう。幼稚園側はそれらを基に事前に線引きをするので、不利にならないように気をつけてください」

一方、学校法人関係者は「以前は提出書類を重視していたのは事実だが、最近はだいぶ変わってきている」と話す。数年前までは、提出書類の家族の欄に両親の勤務先と最終学歴を書かせていたが、今はそうした記述をする必要がなくなっている。

「学園としては、先入観を持つのは良くないという考えに傾いている。事前の提出書類は参考程度にして、なるべく入試だけで判断しようという方針なのです」（学校法人関係者）

## 入試は「集団テスト」「親子テスト」と面接

入試は、子ども20〜30人のグループで遊ぶ「集団テスト」、親子で遊ぶ「親子テスト」、そして2段階で行われる「面接テスト」。

「もっとも合否を左右するのが親子3人で臨む面接テストです。第1面接も第2面接もわずか3分間で行われるのですが、子どもへの指示行動があったりと、盛りだくさんの内容で、差がつきやすい。ここがポイントだと思って、事前準備を怠らないよう

にしたいものです」（学習塾幹部）

合格後にかかる費用も留意しておく必要がある。前述の入園料に加え、保育料、施設維持費、後援会費がかかり、初年度に払い込む額（女子、21年度）は計93万８８０0円。都内私立幼稚園の平均52万１０１６円（東京都調べ）と比べると、かなり高いが、判断は難しいところ。もっとも高額の青山学院幼稚園は１６０万５０００円だ。「ブランド幼稚園は軒並み１００万円を超えているので、雙葉幼稚園の額は比較的良心的といえるのではないか」と、幼稚園業界に精通する教材作成プロダクションのスタッフは話す。

ただ、名門の幼稚園に入ったからと手放しで喜ぶのは禁物。「小中高と内部進学していくうちに、〝できる子〟と〝できない子〟に大きく二分される」（前出ＯＧ）というだけに、なかなか気が抜けないようだ。

# 悠仁さまも通ったお茶大幼稚園 最古の幼稚園の教育方針と選抜方法

## 費用も格安で人気抜群

幼稚園の歴史は意外に浅い。ドイツのフリードリヒ・フレーベルという幼児教育研究家が１８４０年、小学校に上がる前の子どもを対象に創設したのが最初だといわれている。日本で最古の幼稚園は１８７６年に誕生した東京女子師範学校附属幼稚園。現在のお茶の水女子大学附属幼稚園（通称「お茶大幼稚園」）である。

場所は東京・文京区のお茶の水女子大キャンパス内。約11万平方メートルの広さを擁するこの地に、幼稚園、小学校、中学、高校までの附属校と大学・大学院すべてが入っている。

お茶大幼稚園は国立だけあって、費用も格安。入園料は3万１３００円。保育料も年間７万３２００円しかかからない。なお、これらは幼児教育無償化制度によって返金される。これ以外にかかるのは教材費やＰＴＡ会費など、年間約3万円だけだ。さらには、女子に関しては人数は限定的だが、大学までの内部進学も望めるとあって、

非常に人気は高い。

「評価が高い点はもうひとつある。幼児教育の研究の場でもあるので、その分野に精通するスタッフが集まっているのです」（お茶の水女子大関係者）

## お茶大幼稚園が大切にしている3つのこと

ここでは、入園者の心身の発達を助けることを目的にしている。

「お茶大幼稚園には〝3つの大切〟があります。『自分のことを大切にする』、『環境を大切にする』、『まわりの人を大切にする』です。何か特別な教育をしているわけではありませんが、優しいお子さんが育つ条件は揃っていると自信を持って言えます」（同）

そうした環境をもっとも評価したのは、秋篠宮文仁親王と紀子妃かもしれない。これまでの

慣習を破って、長男・悠仁親王の幼稚園にお茶の水女子大附属を選んだのである。それまで、皇族は学習院というのがお決まりのコースだった。皇族男子が国立の幼稚園に通うのは初めてのことである。文仁親王は幼稚園から大学まで、紀子妃も初等科（小学校）から大学まで、学習院で学園生活を送った。にもかかわらず、悠仁親王をお茶大幼稚園に入れたのはどうしてだろうか。

「当時、学習院初等科に通われていた徳仁天皇（当時皇太子）の長女・愛子さまをめぐるトラブルが次々に浮上。秋篠宮ご夫妻は学習院に不信感を持たれていた。悠仁さまを別の学校に行かせたいと考えたご夫妻は、紀子さまのご意見もあり、お茶の水を選択されたのです」（宮内庁担当記者）

悠仁親王がお茶大幼稚園に入園したのは2010年。紀子妃はその前年から、日本学術振興会の名誉特別研究員として、お茶の水女子大で人文科学の研究活動を始めていた。同キャンパスの静かなたたずまいを気に入り、ここなら落ち着いて教育が受けさせられると、悠仁親王を入れることに決めたのだという。

といっても、簡単に入園できるわけではない。人気の幼稚園だけあって、非常に狭き門なのだ。ただ、悠仁親王が入試を受けることはなかった。皇族だから優遇されたわけではない。お茶の水女子大の女性研究者については、支援の一環として、その子どもに対する特別入園制度が設けられており、それを活用したのである。

## 最難関は公開抽選…その方法とは

一方、通常の入試はどうなっているのだろうか。募集定員は、3年保育は男女各20人、2年保育は男女各10人。ここ3年、計60人の募集に対し、19年度入園の応募者数907人、20年度793人、21年度859人と推移している。なお、応募できるのは保護者と同居していて、幼稚園から半径3キロメートル以内に在住していることが条件になっている。

「まず最初の関門は第1次検定。ある意味、ここが最難関といえるかも」と振り返るのは、数年前に長女が3年保育に合格したという保護者の女性。この段階で、3年保育は男女各60人、2年保育は男女各40人まで絞られるのだ。

その方法は、大学講堂で行われる公開抽選。壇上に置かれた1~100の球が入った抽選機を園長がグルグルと回す。そこで出てきた球のナンバーが37だとすると、37、137、237…の受験番号を持った受験者が当選。それぞれの人数に達するまで、抽選が続けられ、当選した者だけが第2次検定に進むことができる。

「どんどん決まっていき、もうダメかなとあきらめかけた時に、こちらの持っている番号が出た。それ以上、抽選機を回すことはなかったので、正真正銘、最後の最後。ラッキーでした」

## 第2次検定で注意すべき点

第2次検定は小集団テストと面接。入試を設けている幼稚園の大半で行われている選抜方法だ。落ち着いて臨めるかどうかが合否を分けるが、小学校受験と違って、テクニックはそれほど必要ない。

「他の幼稚園受験でも同様ですが、母子分離ができていないと難しいと聞いていたので、その点だけは注意しました。普段の生活でも、私が離れていても不安がらないように、少しずつ訓練していたのが合格に結びついたと思います」

こう話す保護者は、「ここに入れて本当に良かった」と何度も繰り返す。

「何より、子どもに好きなようにさせているのが素晴らしい。子どもたちは幼稚園に行くとまず、どうやって遊ぶのか、それぞれが自分で考えるのです。先生が何かを押しつけることは一切ない。伸び伸び育っているのが手に取るようにわかります」

開放感にあふれる同幼稚園で3年間すごした悠仁親王も22年春は高校。男子の場合は中学までしかないので、お茶の水女子大キャンパスから出なければならない。まもなく進路が発表される。

# 第三章 受験戦線に向けた最新データ

# 麻布、開成、武蔵も…
# 学習塾に支配される名門進学校の厳しい現実

## かつては学習塾と接触しなかった名門校

「中学受験を主とする学習塾が、進学校にとって無視できない存在になったのは1990年代後半あたりから」と振り返るのは都内私立中高一貫男子校「御三家」の一角、麻布の元教師。

「かつては、学習塾の動向など、まったく気にしていなかった。というより、彼らと接点を持つこと自体、良しとしなかったのです」

教職にある者の大半は学習塾に対し、住む世界が違うという意識が強かった。

「言い方は悪いですが、教育をビジネスにすることを汚らわしいとさえ思う先生も少なくなかったのです。自分たちもそれで生活している点では変わりないのですが」

進学校に対して、大手の学習塾はさまざまなアプローチをかけてくる。交流することによって、貴重な情報を得るためだ。さらには、イベントやフォーラムに名門校の校長を招聘できれば、学習塾の信用度は一気に増す。だが、学校側がそうした誘いに乗ることは少なかった。面会すら拒むケースが多かったのだ。

しかし、次第に双方の力関係に変化が現れる。「学習塾が中高一貫校の人気を左右するようになった」と話すのは、大手学習塾で進路指導にたずさわっていた元スタッフだ。

## 学校と学習塾、持ちつ持たれつの関係

「90年代半ば頃から、中高一貫校の新興勢力が大学受験戦線で活躍するのですが、実はこれは学習塾が後押ししている部分が大きい。中学受験を目指す生徒たちに、どこが向いているか塾がアドバイスする。そうした時、普段から交流がある学校を勧めるケースが少なくない。一方、これから大学受験で伸ばしていきたいと考えている学校の側もまた、積極的に学習塾にアピールしてくるわけです。そうして、持ちつ持たれつの関係ができていくのです」

これまで名門校にばかり集まっていた〝出来る生徒〟が新興校にも進むケースが増えてきたというのだ。学校側にとっては学習塾との交流がもたらした成果である。進

路指導元スタッフは次のように続ける。

「持ちつ持たれつといっても、癒着というのとはちょっと違う。情報をたくさん得られている学校については、そこに合わせたテストや授業を組みやすい。そうしたコースを受講した生徒には当然、その学校を勧めることになります。逆に、まったく接点がない学校については、対策を十分に立てられないため、生徒に積極的に勧める場面が格段に減ってしまうのです」

## 少子化で古豪の名門校群も危機感

新興勢力が伸びていく中で、危機感を持ったのが古豪の名門校群だった。少子化が加速する中で、出来る生徒をより多く集めたいのは名門校も一緒だった。

「世紀が変わる頃から、学習塾とのつきあい方も変化した。こちらから積極的にアプローチすることがないのはこれまでと一緒ですが、向こうから来た時は対応する。方針転換もやむなしとの判断に傾いたのです。そのあたりは開成も同様だったようです」

（麻布・元教師）

開成と麻布が渋々ながらも「長いものには巻かれろ」という姿勢に変わったのに対し、もう一校の御三家である武蔵は頑なだった。

「歴代の校長は人格者が多いのですが、学習塾とのつきあいなど、する必要がないという人ばかりだった」と話すのは学校法人根津育英会武蔵学園の関係者。

「そのせいとばかりは言えないのでしょうが、徐々に学校の偏差値は落ち、大学受験実績も今ひとつの状態におちいってしまった。そのおかげで、古いＯＢたちからは『武蔵はどうしてしまったんだ』と突き上げを食らっています」

## 長いものに巻かれようとしなかった武蔵

　かつて東大合格者数トップ10の常連だった武蔵だが、99年の7位（64人）を最後に、以降はずっとランク外。ここ5年を見てみても、２０１７年32人、18年27人、19年22人、20年21人、21年28人と、昔の栄光時代を知る者にとっては物足りない結果が続いている。

　閉塞する状況を打破すべく、19年4月に校長として招聘したのが埼玉県立浦和高校で13年4月から18年3月まで校長を務めた杉山剛士氏だった。浦和高校時代は同校出身の佐藤優氏（作家、元外交官）と対談するなど、積極的に学

校のアピールに努めた。
「杉山さんは武蔵ＯＢですが、とてもフレキシブルな考えの持ち主。武蔵の校長に就いてからは、ＳＡＰＩＸ小学部が協賛するフォーラムで講演するなど、学習塾とのつきあいもいとわない。こうした効果が現れるのは数年後でしょうが、必ずいい結果に結びつくと信じています」（学校法人関係者）
ますます存在感を増す学習塾。どこか本末転倒のような気がしてならない。

# SAPIX、日能研…中学受験「学習塾」の栄枯盛衰

## 日進を知らずして中学受験を語れなかった60年代

それまで、ほとんどが裕福な家庭の子どもに限られていた中学受験が平均的な家庭の間でも増えだしたのは1960年代。政府が所得倍増計画を打ち出し、日本経済が右肩上がりで成長していた時代である。麻布や開成といった私立中高一貫校や、東京教育大附属駒場（現筑波大附属駒場）などの国立中高一貫校が躍進。大学入試で華々しい活躍を見せ始めると、中学受験戦線も一気に過熱する。そこで中心的役割を果たしたのが、受験を前提とした学習塾だった。

そんな中、首都圏の受験戦線を席巻していたのが日本進学教室、通称「日進」である。小学6年生を対象に毎週日曜日、テストを実施。「難関校の受験を目指す小6の8割以上が日進に通っていたんじゃないかな」と振り返るのは

60代の麻布OBだ。

「テストのあとに授業も少しはやっていたんだろうけど、ほとんど記憶にない。とにかく、テスト、テストの繰り返し。そして、その結果が翌週に発表される。上位にくるのは、いつも同じ顔ぶれ。どんなヤツかはわからないんだけど、名前だけは覚えてしまった。麻布に入学したら、見たことのある名前の生徒がクラスにいっぱいいるので、驚いた記憶がある」

日進を知らずして中学受験は語れないというほどの絶対的存在だったが、70年代に入ると急速に衰退していく。そのあたりの事情に詳しい学習塾経営者は次のように話す。

「創設者が80歳を超え、長女に経営を譲ったのですが、そこから内紛が起こり、屋台骨を支えてきたスタッフが次々に出ていった。瞬く間に生徒数は減っていき、いつのまにか消滅してしまったのです」

**「予習シリーズ」で躍進した四谷大塚**

代わって台頭したのが四谷大塚だった。

「やはり、日曜テストを中心に運営していたのですが、日進の寡占状態に風穴を開けることはなかなかできなかった。そんな時に、迫田文雄さんという小学校の先生を教務部長としてスカウト。四谷大塚の代名詞ともいうべき『予習シリーズ』を手がける。徐々に注目を集め、日進の弱体化もあって、その立場が逆転してしまうのです」（同）

予習シリーズは「中学受験のバイブル」とも呼ばれているテキスト。質の高さには定評があり、何度も改訂を繰り返しながら、現在も四谷大塚の直接校舎や提携塾で使われ、一般販売もされている。

日進を倒し、トップ中学受験塾に躍り出た四谷大塚だったが、興隆は長くは続かなかった。90年代後半になると、躍進目覚ましい日能研に、難関中学への受験実績で抜かれるのである。

「難関校合格者数は生徒獲得を大きく左右する。トップを陥落した結果、経営にも暗い影が差すようになる。バブル期に教室を増やしたことによる負担も大きく、身売り説が飛び交うようになるのです」（四谷大塚元スタッフ）

結局、四谷大塚は06年、東進ハイスクールを運営するナガセに全株式を譲渡。傘下に入ることになった。

一方、頂点に立った日能研も、長くその座にとどまることはなかった。次第に、難関校への合格者が減ってしまったのである。さまざまな層の生徒を入れて、マンモス化が進むにつれ、難関校を目指す受験者や保護者から敬遠されるようになっていく。間口が広がったぶん、成績上位者にとって充足感が乏しくなったせいだ。

## ＳＡＰＩＸはＴＡＰ進学教室の分裂で発足

難関校受験に絞れば、近年、絶大な人気を誇っているのがＳＡＰＩＸ小学部。前出の日進、四谷大塚、日能研が50年代に誕生したのに対し、ＳＡＰＩＸがスタートしたのは89年。家庭教師派遣業から学習塾に鞍替えしたＴＡＰ進学教室が分裂する形で発足した。

「やはり日進と同様、これも内紛です。オーナーと講師陣が対立。４教科の主要な講師がほぼ全員、ＳＡＰＩＸに移った。塾業界ではオーナーによる私物化が目立ち、こうしたことがしばしば起こる。結局、ＴＡＰも消えてしまいましたが」（前出・学習塾経営者）

ＴＡＰ時代も難関中学の受験には定評があったが、ＳＡＰＩＸになってからは一層の強化が進んでいる。それは21年の合格実績を見ても一目瞭然だ。

東京・男子御三家の開成２６９人、麻布２０７人、武蔵61人。新御三家の駒場東邦１７３人、海城２４７人、巣鴨２２４人。女子御三家の桜蔭１６０人、女子学院１４５人、雙葉54人。国立の筑波大附属90人、筑波大附属駒場86人。神奈川・男子御三家の聖光学院２２９人、栄光学園１０５人、浅野２６３人。挙げだしたらきりがないほど、他の学習塾を圧倒しているのだ。

「ＳＡＰＩＸの天下は当分、続きそうだと思いますが、これまでの歴史を見てもわかる通り、何があるのかわからないのがこの業界。少子化問題も大きくのしかかってくるだけに、生徒の奪い合いはさらに激しくなってくる。周囲の学習塾にとっても、いつまでもＳＡＰＩＸの独走を許しておくわけにはいかないのです」（学習塾経営者）

いずれにしろ、大人の勝手な都合で、子どもたちに迷惑がかかるようなことだけは避けてほしいものだ。

# 中学受験「塾の選び方」4大学習塾の長短と特色を検証する

## 大手塾通いなくして合格ならず

「中学受験に際し、難関校でも学習塾に通わずに合格することは不可能ではありませんが、あまり現実的ではない」と話すのは都内の学習塾経営者。

「模試を受けて試験慣れしておくことは最低限必要でしょうが、ほかに何もせずに最難関中学に合格するケースがあるのは事実です。ただそれは、飛び抜けて出来る子の場合です。昔でいう神童ですね。大した準備をしなくても、常に難関校向け模試でトップ付近にくる。たまにこうした子がいますが、小学校のクラスで成績が一番という程度では、やはり学習塾は不可欠です」

この人物が経営するのは中堅の学習塾だが、「難関校や人気校を目指す場合は、自分のところのような中小規模の塾よりも大手のほうが向いている」と正直に明かす。

## 4大学習塾の開成合格者数が募集定員を上回る現象

「首都圏の中高一貫の中学受験では、合格者の約9割が大手学習塾に通っていたという結果が出ている。大手がそれだけメソッドがしっかりしているのは確か。もちろん、中小塾が優位な面もあるのですが」

首都圏で4大学習塾と呼ばれているのが日能研、SAPIX小学部、四谷大塚、早稲田アカデミー。このほかに、市進学院、栄光ゼミナール、TOMASなどが大手に数えられる。さて、大手学習塾に行くとして、何を基準に選べばいいのだろうか。塾選びは、受験の結果を大きく左右する。

東京の私立男子校で大学受験実績トップの開成中学への合格者数（2021年）はSAPIX269人、早稲田アカデミー127人、四谷大塚106人、日能研30人の順になっている。合計すると532人。開成中学の募集定員は300人のはずである。実際は、他校（筑波大附属駒場など）に流れる辞退者を想定して、定員より多くの合格を出す。21年は398人の合格者がいた。4大学習塾の開成合格者の総数はその数字を大幅にオーバー

していることになる。

「かつては一部の学習塾で水増しした数字が発表されていましたが、最近はほとんどない。公益社団法人の全国学習塾協会が『受験直前の半年のうち継続して3カ月以上在籍』しているなどのガイドラインを決めていて、わずかな期間しかいない生徒を加えてはいけないルールになっています。それを守らない場合は、消費者庁から改善命令が出ます」

こう解説するのは四谷大塚元スタッフ。水増しがないとしたら、なぜ学習塾が発表する合格者数はこんなに多いのだろうか。

「一人の生徒が2つ以上の学習塾に在籍しているケースもありますが、それより大きな原因となっているのは早稲田アカデミーと四谷大塚の関係。両社は提携していて、早稲田アカデミーの一部の生徒は四谷大塚の週テスト（毎週土曜日実施）を受けている。そうした生徒が中学に合格すると、どちらにもカウントされるので、合格者数が大幅に増えることになるのです」

## SAPIXがベストではない最難関校受験

学習塾を選ぶ際、こうしたカラクリがあることは頭に入れておいたほうがよさそうだが、ともかく、それぞれの学習塾の特徴をまずは知ることである。

SAPIXは開成への合格者数を見てもわかる通り、最難関校に強い。首都圏有数の進学校で、まんべんなく圧倒的な実績を残している。こうしたハイレベルな学校を狙う場合はSAPIXを選ぶのがベストと思われがちだが、必ずしもそうとは言い切れない。

「予習はさせず、授業の最後に毎回、復習教材が渡される。それを家に持ち帰って、授業の内容を見直したり、もう一度、問題を解いてみるという繰り返しです。ただ、これがだんだん辛くなってくる子が出てくる。授業は上位2割に合わせて行われているので、復習自体も非常に大変な作業になってくるのです」

こう話すのは前出の学習塾経営者だ。SAPIXに通うのがきつくなった生徒が、自分のところの塾に移ってきたケースもあるという。

「うちに来て、御三家（開成、麻布、武蔵）に入った子はたくさんいます。SAPIXに通い続けて挫折を味わうよりは、もう少しレベルの低い塾に変えて、伸び伸びやらせたほうがうまくいくケースは少なくありません」

## 早稲田アカデミーは量をこなして基礎力をつけていく

SAPIXに次いで難関校に強い早稲田アカデミーは、量をこなして基礎力をつけていくやり方。とにかく、たくさんの問題を解いて暗記することが求められるので、創造力豊かな子どもにとっては退屈かもしれない。入試に向けた逆算カリキュラムが組まれているので、効率の良さには定評がある。

四谷大塚は他の大手学習塾と比べ、予習をもっとも重視している。予習してから授業を受け、テストに臨み、そのあとは復習。これをずっと繰り返していく。

中堅校を狙うなら日能研。学校での成績が上位から平均的な生徒まで、幅広く受け入れている。生徒のレベルに合わせた対応をしているので、落ちこぼれるケースは他の大手学習塾に比べずっと少ない。

どの学習塾を選ぶかは、目指す中学によって変わってくるが、高望みをすると、かえってマイナスになりかねない。

「今の学力とかけ離れた学習塾を選んだりすると悲劇です。子どもの気持ちもズタズタになりますし、家族不和を引き起こすこともめずらしくない。実際、塾をやめさせるかどうかで、お母さんとお父さんが揉めて、離婚に至ったケースもありました」（前出・学習塾経営者）

あとで後悔しないためにも、入塾にあたっては、口コミ情報、ホームページ、説明会などを活用して、しっかり見極めておくべきだろう。

# 4大学習塾で授業料が最も安いのは「日能研」それでも塾通いは家計負担が大きい

## 中国では教育費に月額17万円をつぎ込む家庭も

「問題の根深さは日本も変わらない」と複雑な表情を見せるのは学習塾経営者。2021年7月24日、中国共産党と中央政府の国務院は、義務教育の生徒の宿題負担と校外教育負担を軽減していくと発表した。この中でもっとも衝撃だったのが学習塾への規制だった。小学生・中学生向けの学習塾の新規開設を禁止し、既存の塾に対しても非営利化を求めた。その後、中国国内の学習塾は次々に閉鎖に追い込まれている。

　思想教育の拠点でもある学校の地位が、急伸する学習塾に取って代わられると、愛国主義を進める習近平体制を脅かしかねない。今回の規制の狙いが体制強化にあるのは明らかだが、もうひとつの側面もある。高騰する教育費の抑

制である。中国紙記者によると、大都市圏の学習塾の受講料は平均で月3000元（約5万円）かかるという。

「中には子どもの教育に月1万元（約17万円）を超える額をつぎ込む親もいる。その結果、富裕層の子だけがいい学校に進み、いい就職先を得る。ますます格差が広がる元凶となっているのが学習塾なのです」（中国紙記者）

## 200万円で足りるはずの授業料が100万円も不足

日本ではさすがに政府が学習塾の規制に乗り出すとは考えにくいが、その状況はよく似ている。難関大学を目指すには、中高一貫校が圧倒的に有利。高い大学受験実績を上げている名門中高一貫校に合格しようと思ったら、学習塾は必須といっても過言ではない。

「うちのような小さな学習塾はともかく、大手は生徒獲得合戦が熾烈で、レベルアップを図るために、優秀な講師を集めたり、アクセスのいい場所の確保、教材の開発と、コストが莫大。その結果、大手の塾の費用は思いのほか、高くなっている」（学習塾経営者）

最難関中高一貫校への合格者数で断トツの実績を誇るSAPIX小学部に、数年前まで息子を通わせていたという保護者の一人は、次のように話す。

「4年生になった4月から6年生の1月まで在籍しました。私の父に200万円ほど援助してもらったのですが、結局足りなくなり、追加で100万円出してもらいました」

その甲斐あって、息子は無事、難関の公立中高一貫校に合格。私立の有名校にも受かっていたが、公立に進んだ。

「父からはカネのことは任せておけと言われていたのですが、老後のための貯金を娘の私が食い潰すのも気が引けるので、公立に受かってくれて本当によかったです」

SAPIXを選んで正解だったと振り返る保護者だが、費用については想定外だったようだ。どれぐらいかかるのか、4年生以上の場合を見てみよう。通常の授業料は月額4年生4万1800円（21年度、以下同）、5年生5万2800円、6年生5万9950円。学年が上がるにつれ、金額が上昇していくのは他の大手学習塾もほぼ一緒だ。

## 最終目標のいい大学に入るにはカネ次第の風潮

なお、4大学習塾（日能研、SAPIX、四谷大塚、早稲田アカデミー）の中でもっとも授業料が安いのは日能研で、4年生2万900円、5年生2万6334円、6年生3万2076円となっている。

息子をSAPIXに通わせた前出の保護者の場合も、通常の授業料だけなら、父親が最初に出してくれた200万円で足りるはずだった。しかし、それではすまなかった。

「春・夏・冬期の特別講習、特訓、公開模試など、さまざまな場面で、新たな費用がかかってきました。選択しなくてもいいのですが、もしそれらを受講しないことによって、息子が志望する学校に合格できなかったらと不安になってくる。受けられるものはなるべく受けさせるという構えになっていったんです」

たとえば、6年生の9～1月の日曜日に行われる集中講座「難関校SS特訓」。14回の授業と4回のテストで27万4450円である。学習塾側から「受験当日に実力をピークに導くため」と言われると、保護者としては「これは外せない」となってしまうのだ。

「日本も中国と同じように、最終目標のいい大学に入るにはカネ次第になっている。もちろん、例外はあるにしても、その中心を担っているのが学習塾だというのはまぎれもない事実です」(前出・学習塾経営者)

日本教育界をもっとも左右しているのが学習塾だとすれば、少し悲しい気がする。

# 麻布学園・平秀明校長に聞く コロナ禍でトップ進学校に生じた変化

## コロナ禍をものともせずV字回復

新型コロナウイルスの感染者が日本で初めて確認されたのは2020年1月16日だが、この年の大学受験戦線に影響を与えることはほとんどなかった。大学受験における実質的なコロナ元年となった21年、逆境をものともせず、V字回復を果たした進学校がある。都内私立男子中高一貫校「御三家」の一角を占める麻布中学・高校（1学年生徒数約300人）である。

20年の東大合格者数は66人。前年の100人（全国3位）から大きく落ち込んだが6位に食い込み、54年から続くトップ10だけは死守した。傍目にはそれほど悲観する結果とは思えないが、高3の学年会の教員陣はかなり落胆した様子だったという。

「麻布が70人を割り込むのは04年（68人、６位）以来。理系が思ったほどふるわなかった。この学年は真面目な生徒が多く、教員側も期待していたのですが」（学校関係者）

だが、すぐにリベンジを果たす。21年の東大合格者数は86人で４位。トップ10入りは空前の67期連続（東大入試が中止だった69年を除く）である。麻布としては手放しで喜ぶほどの数字ではないにしても、コロナ対策がうまくいったことを示している。同じ御三家の開成（１学年約４００人）は東大合格者数トップの座を守りながらも、20年１８５人から21年１４６人と大きく減らした。

## すべてが手探り状態…生徒同士の間隔は1メートル以上

麻布のコロナ対策が最初から万全だったわけではない。初めてのことだけに、すべてが手探り状態だった。20年３月、高校の卒業式は卒業生と教員のみで開催したものの、学年末試験、終業式、中学卒業式などは中止や延期を余儀なくされた。

さまざまな行事が中止やペンディングに追い込まれる中、５月７日にやっと新年度を迎えた。しかし、政府の緊急事態宣言は継続されたままで、オンラインによる授業で対応するしかなかった。登校禁止措置を解除したのは６月１日。分散登校を開始した。東京都の動きに呼応したものだった。

「ただ、麻布は公立と違って、他県から通ってくる生徒もいる。最初は教員の側もおつかなびっくりのところがありました」と平秀明校長は振り返る。不安を払拭するために、衛生面の対策に加え、徹底した三密対策を実施した。

「高3は月曜日の午後というように、曜日によって学年ごとの登校日を設ける形で再開。1学年は7クラス。うちには講堂、大視聴覚室、卓球場、20年3月に完成したばかりの地下教室など、大きな空間を擁する建物や部屋が7つあったのが幸いしました。こうして、生徒同士の間隔を1メートル以上、空けることができる教室を確保したのです」（平校長）

9月からは、中1～高3の生徒全員が毎日登校する通常の形に戻した。授業も8時始まりで平日は6時限、土曜日は4時限。

「まずは感染を起こさないことを優先させていたわけですが、学校の存在意義は人と人が磨き合う場を提供することです。生徒は友人と遊んだり、クラブ活動に励み、教員は生徒と向き合って授業をする。それまでの週1回だけの登校では、そうした場面を大幅に削らざるをえなかった。やっと、学校本来の姿を取り戻すことができたのです」

麻布学園・平秀明校長

## 学園の〝最大イベント〟文化祭だけは短縮して開催

11月、生徒に4人の罹患者が出た。発生した日は別々で、学校内で罹患した様子はいずれもなかった。濃厚接触者も全員、陰性だった。港区の保健所から保健師が来て、学校内を見てまわったが、「衛生面は非常に行き届いている」と太鼓判を押した。

クラスターも、これまで一度も起きていない。さまざまな行事を見送るなど、抑制的な姿勢を堅持した成果ともいえるが、20年度にひとつだけ逆行する動きがあった。文化祭の開催である。例年、4月下旬から5月上旬の3日間で開かれてきた文化祭だが、その期間は登校禁止措置がとられていたため、開催はできなかった。延期して行うか否か。運動会は中止することが決まったが、文化祭については生徒からの要望も強く、結局、10月31日〜11月1日、2日間に短縮して行うことになった。

実は、文化祭は麻布の最大のイベント。その原点は終戦から5カ月しかたっていない46年1月に開かれた「芸能祭」。のちに俳優として活躍する小沢昭一、加藤武、フ

ランキー堺といった演劇部の面々が「娯楽がないなら自分たちでつくろう」と始めたのが最初である。翌年からは「文化祭」と名前を変え、今日まで続いている。

とても人気の高いイベントになっていて、年によっては来訪者が2万人を超えることも。制限なく行えば、クラスターが起こる危険性も高い。20年度の文化祭は、在校生とその保護者に限って入場が許された。

「21年度は現在までのところ、コロナの陽性になった生徒は1人だけ。夏休み直前に判明したのですが、すでに試験休み期間中に入っていたので、濃厚接触者もいませんでした。非常に順調にきていることもあって、今年の文化祭（10月2、3日）には一般招待客の方にも抽選で人数を制限して、来ていただこうと思っています」（平校長）

その後、文化祭の日程は11月13、14日に変更されて行われた。

今の麻布からは、自信を取り戻している雰囲気がひしひしと伝わってくる。22年の大学受験戦線では、より一層の飛躍が期待できそうだ。

麻布学園最大のイベント、文化祭を最初に作った俳優でエッセイストの故小沢昭一さん

# 医学部に強い中高一貫校
# 真の王者はホリエモンの母校・久留米大附設

### コロナ禍で医者になりたい生徒が増加

　進学校の実力を測る指標として、もっともよく出てくるのは全国高校別・東大合格者ランキング。約70年前から、集計データがマスコミで発表されるようになった。近年、東大合格者数と並んで注目されている指標がもうひとつある。国公立大医学部合格者数だ。

「企業への就職状況が好調だったため、一時は医学部志願者が減っていたのですが、コロナ禍で再び増えだしている。安定した職場であることに加え、医療現場で奮闘する姿がニュースで流れる場面が多くなり、医者になりたいという生徒が多くなっているのです」

　最近の傾向を説明するのは、予備校で医学部コースを担当するスタッフ。どうして、医学部全体の合格者数ではな

く、「国公立大」であることが重視されるのだろうか。

## 東京医科歯科大と慶大の両方に合格したら？

「私立の合格者数は重複が多く、必ずしもその大学に進むわけではないため、正確な状況が反映されないのです。国公立と私立の両方に受かった場合、大半の受験者は国公立を選びます。例外としては、私立ナンバーワンの慶應大医学部。学閥の強さや医者として箔がつくという意味で将来的なメリットは大きいのですが、国公立にも合格した場合、どちらを選ぶかは微妙なところ。たとえば、東京医科歯科大と慶應大だと、前者を選ぶケースが多い。学費面で私立は圧倒的に不利なのです」

慶應大医学部の学費は私立大の中では安い部類に入るが、それでも6年間で2200万円以上かかる。対して、国公立大はその5〜6分の1程度で済む。なお、国立大医学部の授業料は同一に設定されていたが、2020年度から東京医科歯科大と千葉大が年間10万円を超える値上げに踏み切っている。

いずれにしても、学費はもっとも大きな要素。私大の医学部の中には、6年間の費用が4700万円を超えるところもある。ほとんどの場合、国公立大が医学部志願者の第1選択肢になっているという現実からも、その合格者数が進学校の実力を表すバロメーターのひとつとして扱われるのはごく自然の流れだ。

## 久留米大附設は学年の半数以上が医学部に進学

21年の国公立大医学部合格者ランキングでは、いくつかの異変が見られた。第1位に輝いたのは、医学部に強い学校として知られる名古屋の私立中高一貫男子校の東海で93人。各メディアは「14年連続トップ」と大々的に報じた。だが、「21年の真の王者は別にいる」と話すのは前出の予備校スタッフだ。

「それは国公立大医学部合格者数90人で2位に躍進した福岡の私立中高一貫男女共学校の久留米大附設（20年は65人で5位）。東海は、1学年の生徒数が倍以上違う」

東海の1学年の生徒数が420～430人なのに対し、久留米大附設は約200人。私立や防衛医科大学校（21年はトップの16人が合格）に入った生徒も含めると、学年の半数以上が医学部に進んだことになる。

ホリエモンこと堀江貴文氏やソフトバンクグループ会長兼社長の孫正義氏（高1の冬に中退し渡米）が在学していたことで知られる久留米大附設だが、今や医学部受験校のイメージのほうが強い。「特に医学部を意識して、カリキュラムを組んでいるわけではない」と話すのは同校の元教師。

## 学費の安い国公立に進むためには…

「3年生になると、放課後の2時間、志望大学別に特別講座を設け、過去の入試問題を解くなどの対策はとっています。ただ、それより大きいのは医学部に進みたいという生徒が集まっていること。親が開業医という家庭が多いのです」

21年に起こった変化を見てみると、前年に国公立大医学部合格者数が81人で2位だった私立中高一貫男子校の灘が50人と大きく減らし、トップ10から漏れた。一方、快挙も。上位に私立中高一貫校がひしめく中で、公立の県立熊本高が66人で5位に食い込んだ。

高1の冬に中退し渡米した孫正義ソフトバンクグループ株式会社代表取締役会長兼社長

堀江貴文さんも久留米大附設の出身者

地方勢の健闘が目立つ中、首都圏でトップだったのは私立中高一貫女子校の桜蔭で54人。全国では9位だった。そのあとは開成52人、豊島岡女子学園45人と続く。
「学費の安い国公立大医学部に進むのに、私立中高一貫校に入らなければならないとなると、結局おカネがかかってしまう。何か矛盾している気もするが、それが現実なのです」（前出・予備校スタッフ）
志す人たちには「医は仁術なり」という精神だけは忘れないでほしい。

# 我が子を名門中学に合格させるなら受験準備は4年生から

## 将来の不安から中学受験が増加

現在、都内では小学生の4人に1人が中学受験をする。公立中学に進んで3年後に高校受験、さらにその3年後には大学受験というスケジュールは、生徒たちにとって、あまりにも負担が大きい。余裕をもって大学受験に臨める中高一貫校を目指す動きが加速しているのだ。

「リーマンショック（2008年）以降は、各家庭の経済力の落ち込みもあって、中学受験も減少傾向にありました。13年あたりを境に日本経済が上向きだすと、中学受験がV字回復しだした。そんな中、新型コロナウイルスが猛威を振るい始め、再び減少に転じるかと思っていたら、そうではなかった。将来への不安から、子どものためにできることはやっておきたいという親が増えているのです」（大手

学習塾幹部）

子どもに中学受験をさせる場合、いつから準備をすればいいのだろうか。現実には、4年生から学習塾に通わせるパターンがもっとも多い。なお、中学受験を前提とした大手学習塾で「4年生から」といった場合、「新4年生＝3年生の2月」を指す。

## 成績が底上げされている現在の状況

「狙う学校、小学校での成績にもよりますが、4年生からというのは根拠のあること」

と話すのは中規模の学習塾の経営者。半世紀前から受験業界に関わってきて、その移り変わりを間近で見てきた人物だ。

「昔に比べ、中学受験の難易度が上がっていると言われていますが、筑駒（筑波大附属駒場）、麻布、開成などの最難関校に関してはこの半世紀、ほとんど変わっていない。入試の設問のレベルもほとんど一緒です。小学校のクラスで成績が1、2番の生徒が受けるという構図もよく似ている。では、何が変わったか。最難関校に続く難関校がずいぶん難しくなっている。クラスで10番くらいまでの生徒が受ける感じですが、そのあたりの成績が底上げされていて、昔より出来る子がすごく増えている。以前だったら5年生から学習塾に通い始めても十分だったのが、最近は間に合わなくなっているのです」

こう解説しながらも、この学習塾経営者は4年生の段階からギアを上げる必要はないという。

「この時期はとにかく、勉強する習慣をつけるのが先決です。自宅で机に向かって、どれくらい集中できるかといったら怪しい。家庭ではやはり、限界があるのです。多くの子はまもなく飽きてしまい、ゲームをいじったりして、それを親が注意する。そして再び机に向かっても、親の目を盗んで別のことをやりだし、また注意する。こんな繰り返しをしていると、家庭内の雰囲気まで悪くなってしまう。学習塾に行きだすと、復習や宿題の負担が大きくて長続きしないのではと心配する向きもありますが、この段階ではそれほど量も多くない。徐々に慣れていくことができます」

## 勉強の習慣をつけ、塾慣れすることが肝心

勉強の習慣をつけるというのであれば、学習塾に通うのは4年生からではなく、もっと早くてもいいような気もする。SAPIX小学部や早稲田アカデミーでは、1年生からコースを設けている。だが、「正直なところ、4年生からで十分だと思う」と話すのはSAPIXの元スタッフだ。

「低学年から入室した生徒と、4年生からの生徒では、中学受験に関してほとんど差は出ていません。両親が共働きで子どもの面倒を見られないといった事情がある場合

には、低学年のコースも役に立つでしょうが、それ以上の必要性はあまり感じられない」

公開模試以外は学習塾を使わず、家庭学習によって中学受験を目指すのはどうなのだろうか。前出の学習塾経営者は否定的な見解を示す。

「親が教えるのは至難のわざ。中学入試のレベルは昔とそれほど変わっていないものの、ひねくれた設問が増えている。問題のパターンが出尽くしてしまって、受験者を惑わすような落とし穴が随所に盛り込まれるようになっているのです。こうした問題を解くにはテクニックも必要となり、やはり学習塾での経験がものを言う。かなり出来る親でも、なかなか対応しきれないのが現実です」

6年生の時だけ通塾する方法もあるが、その前から通っている生徒と比べ、塾慣れしていないぶん、かなりのハンデを背負うことになる。学習塾の戦略に組み込まれるのは悔しいが、4年生から準備を始めるというのが中学受験のスタンダードになっているようだ。

## おわりに

「日刊ゲンダイDIGITAL」で「名門校のトリビア」という不定期連載が始まったのは2019年6月。中高一貫校や小学校、幼稚園の中から名門校と称される学校をピックアップして、知られざる姿をレポートする企画で、現在も継続中。その後、学習塾などの現状を描いた連載「受験戦線で要注意の新潮流」もスタートしている。これらに加筆修正して、最新情報を盛り込んだのが本書である。

筆者にとって幸いだったのは、17年1月から19年5月にかけて「サンデー毎日」で「大学同窓会の研究」および「名門高『同窓会』の実力」という連載ができたこと。2年半近くの間に、名門校のOB・OG、学校関係者など、たくさんの相手と精力的に会った。そうして構築された人脈が今回の取材で非常に役に立った。正面からだとなかなか入ってこないディープな話を聞くことができたのである。そのおかげで、本書の内容にも厚みが加わったと自負している。

日刊ゲンダイで連載中にひとつだけ様相が変わったとすれば、新型コロナウイルスの襲来だろう。コロナ禍が本格化した20年3月、各校は対策に追われた。学年末試験、終業式などは中止もしくは延期。新年度に入っても、生徒たちは登校できず、オンラインによる授業が続いた。登校禁止措置が解除されても、しばらくは分散登校で対応するしかなかった。文化祭、運動会、修学旅行などのイベントも中止や大幅な縮小を余儀なくされた。だが、立ち直るのも早かった。20年度後半に入ると、ほとんどの学校が日常を取り戻していく。最初のうちはどこも手探り状態だったが、だんだん様子がわかってくると、万全の対策をとり、コロナの影響を最小限に抑えたのだ。

そうした中、受験戦線はどうだったか。大学受験では大きな変化が起こった。21年度の志願者数は前年から3万人近くも減ったのだ。18歳人口の減少と、コロナによる家庭の経済状況の悪化が影響したものと思われる。

一方、名門の中高一貫校、小学校、幼稚園ではそれほど大きな影響は出なかった。むしろ、難易度が上がったところも少なくなかったのである。コロナで暗雲が立ち込める中、子どもの将来のために、今のうちにできることをしておこうと考える家庭が増え、難関校を目指す動きが活発になっているのだ。しかし、受験の準備のためにかかる費用、学費などを考えると、決して小さな金額ではない。それだけ、家庭間の格差が広がっているという見方もできる。

本書をつくるにあたっては、日刊ゲンダイで連載を担当している岩瀬耕太郎氏、同書籍事業部の平川隆一氏、出版プロデューサーの西垣成雄氏、編集者の田中智沙氏といった人たちにずいぶん助けられた。また、たくさんの学校関係者、卒業生、保護者の方々にも取材に協力していただいた。この場を借りて感謝申し上げたい。

**田中幾太郎**(たなかいくたろう)

1958年、東京生まれ。「週刊現代」記者を経てフリー。教育・医療問題や企業経営などについて月刊誌や日刊ゲンダイで執筆。著書に『慶應幼稚舎の秘密』(ベスト新書)。『慶應三田会の人脈と実力』(宝島新書)、『三菱財閥 最強の秘密』(同)などがある。

中学受験《ちゅうがくじゅけん》の前《まえ》に知《し》りたい
合格《ごうかく》するための全情報《ぜんじょうほう》
名門校《めいもんこう》の真実《リアル》

2021年11月30日 第1刷発行

著者 田中幾太郎《たなかいくたろう》

発行者 寺田俊治

発行 株式会社 日刊現代
東京都中央区新川1-3-17 新川三幸ビル
郵便番号 104-8007
電話 03-5244-9600

発売 株式会社 講談社
東京都文京区音羽2-12-21
郵便番号 112-8001
電話 03-5395-3606

印刷所/製本所 中央精版印刷株式会社

表紙・本文デザイン 若菜 啓

編集協力 青文舎(西垣成雄) 田中智沙


ISBN978-4-06-526557-4